# 激活团队

## 如何培养和领导一支高绩效团队

（Mike Brent）
**迈克·布伦特**

（Fiona Elsa Dent）
[英]　**菲奥娜·艾尔莎·丹特**　　著

（Nigel Melville）
**奈杰尔·梅尔维尔**

吕晓志　译

# When Teams Work
How to develop and lead a high-performing team

机械工业出版社
CHINA MACHINE PRESS

Authorized translation from the English language edition, entitled When Teams Work: How to develop and lead a high-performing team，ISBN 978-1292278483 by Mike Brent，Fiona Elsa Dent，Nigel Melville, Copyright Pearson Education Limited 2022 (print and electronic).

This Licensed Edition When Teams Work: How to develop and lead a high-performing team, is published by arrangement with Pearson Education Limited.

Chinese simplified language edition published by China Machine Press, Copyright © 2023.

本书中文简体字版由 Pearson Education（培生教育出版集团）授权机械工业出版社在中国大陆地区（不包括香港、澳门特别行政区及台湾地区）独家出版发行。未经出版者书面许可，不得以任何方式抄袭、复制或节录本书中的任何部分。

本书封底贴有 Pearson Education（培生教育出版集团）激光防伪标签，无标签者不得销售。

北京市版权局著作权合同登记　图字：01-2023-2656 号。

## 图书在版编目（CIP）数据

激活团队：如何培养和领导一支高绩效团队 / （英）迈克·布伦特（Mike Brent），（英）菲奥娜·艾尔莎·丹特（Fiona Elsa Dent），（英）奈杰尔·梅尔维尔（Nigel Melville）著；吕晓志译 . — 北京：机械工业出版社，2023.12

书名原文：When Teams Work: How to develop and lead a high-performing team

ISBN 978-7-111-74367-5

Ⅰ.①激… Ⅱ.①迈… ②菲… ③奈… ④吕… Ⅲ.①团队管理 Ⅳ.①C936

中国国家版本馆CIP数据核字（2023）第231785号

机械工业出版社（北京市百万庄大街22号　邮政编码100037）
策划编辑：坚喜斌　　　　　　责任编辑：坚喜斌　陈　洁
责任校对：王乐廷　陈　越　　责任印制：张　博
北京联兴盛业印刷股份有限公司印刷
2024年1月第1版第1次印刷
145mm×210mm·9印张·1插页·169千字
标准书号：ISBN 978-7-111-74367-5
定价：59.00元

电话服务　　　　　　　　　网络服务
客服电话：010-88361066　　机　工　官　网：www.cmpbook.com
　　　　　010-88379833　　机　工　官　博：weibo.com/cmp1952
　　　　　010-68326294　　金　书　　　网：www.golden-book.com
**封底无防伪标均为盗版**　　机工教育服务网：www.cmpedu.com

迈克·布伦特（Mike Brent）谨以此书献给马克斯·哈利维尔（Max Halliwell）——一个伟大的朋友、很棒的邻居，他是那种谁都想得到的团队成员。

# 本书获得的赞誉

本书以严谨的学术研究为支撑、以体育教练和米其林星级厨师的名言为亮点，全面分析了一个优秀团队必具的要素，和组建一支优秀团队的具体方法。

——多丽斯·苏伊·霍伊（Doris Sew Hoy），认证高管教练，
著有《自信为先：培养健康的人际关系》
（*Trust Yourself First：Cultivating Healthy Relationships*）

本书是一本精妙绝伦的全方位团队合作的指南，内含虚拟团队运作和提高团队包容性等相关性极强的重要内容。本书还阐述了通过建立信任、确保心理安全来解决冲突、提高绩效的方法。无论你是领导、管理、建设、指导还是培训一个团队，这本指南都涵盖了相关内容。强烈推荐！

——盖伊·曼斯菲尔德（Guy Mansfield），
法国石油公司道达尔财务副总裁

不论你是团队成员、协作方还是团队领导，实用团队管理技巧都在这里了！你的书架，缺它不可。

——希沃恩·麦克麦纳麦（Siobhan McManamy），
爱尔兰旅游局市场总监

方法、技巧、实例……这本实用有趣、一应俱全的书对团队成员和领导都是不可或缺的。

——萨曼塔·戴维斯（Samantha Davies），
菲律宾北萨马省全科医生、临床主任

本书深刻剖析了真正的团队合作所应具备的外在形式和内在需求，其中每章都介绍了一种衡量一个团队是否优秀的标准，以及制定这些标准的必要条件。理解一个团队意味着理解和尊重团队中的每一个人。这是一本让你爱不释手的书。

——伊恩·麦克吉恩（Ian McGeechan）爵士，
大英帝国勋章获得者、多支球队的教练

# 前　言

　　拥有高效运作的团队是一个企业或组织成功的关键因素。德勤大学出版社（2016）的一份研究报告显示，"企业正在将自己重塑为由不同的团队构成的网络，以便跟上不断变化的、不可预测的世界的节奏"。在这本书中，我们收集并讨论了关于团队合作的核心技能、态度和行为，我们认为它们将有助于你建立、发展你的团队——一个即使在这个瞬息万变的世界中也能够良好运作的团队。

## "团队"一词源于何处

　　"团队"一词源于古英语和北欧语中的"缰绳"一词，并由此产生了这样一种意思：一组牲畜被缰绳拴在一起，共同拉犁犁地。由这个定义产生了"参与联合行动的人"的类比。"团队"的概念一定是企业或组织最常用的概念之一。尽管我们认为它被过度使用了，因为许多所谓的团队实际上并不是真正的团队，而是一群在一起工作的人。

## 什么是团队

团队的一般定义是：具有互补技能和共同目标的一小群人。小，是因为过多的人会使它失去效力。一个有效团队的人数往往在5~12人，尽管沃顿商学院的教授珍妮弗·穆勒（Jennifer Mueller）总结说，6人是最理想的。值得指出的是，虽然人数很重要，但它的重要性却比不上团队成员的素质、技能以及他们在团队中表现出来的领导能力。团队需要互补的技能，因为你需要具有不同技能和不同个性的人，以获得最大限度的多样性和共同目标。对于团队而言，想要取得任何成就，都需要全体成员讨论并认同其共同目标。但实际上令人吃惊的是，有很多所谓的团队并没有讨论过互补性问题或共同目标问题。

研究人员乔恩·卡岑巴赫（Jon Katzenbach）和道格拉斯·史密斯（Douglas Smith）对工作小组和团队进行了有效的区分：二者不是一回事，它们有不同的目标，需要不同的技能，会产生不同的结果。例如，工作小组的成员彼此分享信息、观点和见解。他们把重点放在个人目标和责任上，不对自己以外的事负责；而团队更注重成员间的共同职责。工作小组和团队之间还有一些其他的区别。例如，团队既有自己特定的团队目标，也要完成其所隶属的更大组织的整体使命和任务。一个工作小组可能有一个特定的领导者，而一个真正的团队领导者有能力与他人共担领导角色。

你需要记住的一点是，仅仅把一群一起工作的人称为团队，并不能使他们神奇地成为一个团队。在你努力开发特定的团队属性之前，它只是一个工作小组。也就是说，有效的工作小组比无效的团队更有生产力。但在每个人都发挥到极致时，真正的团队会比工作小组更加出色。

正如我们所提到的，我们所处的世界是一个极其复杂的世界，因此，一个人（无论他自身多么出色，身处多么高的职位）越来越难以应对一个庞大的组织所面临的所有挑战和困境，也越来越难为所有的问题都找到答案。然而，我们有时仍然面临着不那么复杂的问题——那些众所周知的、很确定的问题。这些问题可以被描述为"人生困惑"，它们可以由个人来解决。因此，在面对这些困惑时，我们可以单独行动和自行决定。当我们面对更加复杂和不太确定的问题时，我们可以把它描述为一个"问题"（有潜在的解决方案的情形）或一个"困境"（无法用单一解决方案处理的情形）。当面对问题时，我们需要在团队中工作，以便充分利用团队的多样性，接受来自不同成员的不同意见和挑战，看看我们如何利用团队的集体智慧来找到最佳的解决方案。当面临更大的不确定性——困境时，我们仍然需要一个团队，但现在我们需要一个高效的、经验丰富的团队来帮助我们制定不同的行动方案。所以，这时我们需要发散性思维、勇敢面对挑战以及坦诚相待，而这需要一个高效的、运作成熟的团队。

心理学家约翰·高特曼（John Gottman）是一位人际关系专家，他认为选择伙伴就是选择不同的问题。问题是关系中不可分割的一部分，对团队来说也是如此。没有无问题的团队，关键是你们要如何处理已经出现的问题，这决定了团队的效率。

我们相信，在团队如何有效协作的领域还有很多可开发的空间；我们也相信，团队领导者和团队成员可以充分发挥团队合作的潜力。我们希望这本书能为这一进展做出贡献。

从这本书中你将学到：

- 了解你喜欢的领导方式。
- 了解自己和同事的个性。
- 在团队中建立心理安全感。
- 创建多元化团队，增加归属感。
- 在虚拟团队中高效工作。
- 不受权威的影响。
- 提高团队的参与度。
- 了解不同类型的信任并在团队中培养更高层次的信任。
- 有效利用冲突。

- 理解团队中目标和意义的重要性，并更好地发展它们。
- 给予有效反馈。
- 成为个人和团队的高效教练。
- 更好地理解心理上的变化。
- 成为一名高效的团队促进者。

这本书的内容涵盖了领导当代高效能团队的关键技能。无论你是按照传统的从头到尾的方式来阅读，还是根据自己的特殊需要和兴趣来随意翻阅，这本书都同样有用。每一章的内容由理论、技术、技巧、案例研究、反思性问题和实践练习组成，以帮助读者及其团队发展他们的技能。读者还有机会接触到自我意识清单，以帮助他们了解在团队中工作的特殊偏好。

## 我们是谁，我们为什么要写这本书

我们本可以把这本书称为"团队表现"，但我们更感兴趣的是商业和体育领域的团队何时以及如何实现最佳表现。非常明确的一点是，团队必须采取一些关键的做法和行为，来实现良好的团队合作。因此在本书中，我们想重点讨论团队需要做什么，以及团队成员需要如何合作以实现最佳表现。我们知道，团队经常在一些基础事务上出错，还有一些事务团队成员本可以做，但往往没有做。因此，我们的想法是将理论与团队的实际做法相结合，以便让读者清楚地了解什么会有助于你的团队合作，什么会阻碍你的团队有效工作。

作为将理论与实际相结合的一部分，我们会见了大量来自商业和体育领域的团队和团队成员，包括商业领袖、队长、教练、厨师、外科医生等。我们试图了解团队在他们的专业领域里是如何工作的，并试图发现支撑高绩效团队运行的关键驱动因素。我们与来自许多不同国家的团队成员和团队领导人进行了会面并交谈，其中包括欧洲多国、美国、英国、阿联酋、埃及、马里、南非，以及中国、巴西和阿根廷。

我们三个人被这些团队的工作方式、团队成员如何更好地合作从而成为更好的团队所激励。我们认为，领导力应该从建立和维持一个高绩效团队的能力来定义，这是根据团队的表现来评估的。

我们有着不同的背景。奈杰尔曾在体育和商业领域执教并领导过顶尖的团队；菲奥娜领导过商业和教育团队，和迈克一样，她也是一名高管教育专家。在过去的30年里，她培训、指导、培养过的经理和领导者遍布五大洲。

奈杰尔拥有在国际橄榄球最高级别比赛中作为团队球员的经验。他在1984年首次担任英格兰橄榄球队队长，这使他成为首次担任英格兰橄榄球队队长的最年轻的球员，他还代表野人队和英国雄狮队出战。英国雄狮队从全英国挑选最好的橄榄球运动员。他曾是一名球员、球队队长和球队教练：

他曾在英超联赛中执教黄蜂队和格洛斯特队，并在雷丁足球俱乐部担任过高级顾问。最近，奈杰尔相继担任了美国橄榄球协会的首席执行官、职业橄榄球协会的主任和英国橄榄球联盟（English Rugby Football Union）的代理首席执行官，并在领导高效能团队方面获得了丰富的经验。

他现在是一名高管教练，专注于高管／领导力发展和团队教练工作。在过去的5年中，他的职业发展包括高管教练培训和认证，他还是国际教练联盟（ICF）的活跃成员。

奈杰尔希望分享他多年来作为从业者的经验，其中既包括他成功发展和领导团队的经验，也包括支持他完成这部分工作的理论知识。对他来说，高效的团队不是凭空产生的——团队随着时间的推移而发展，如果团队可以一直专注于做正确的事情，就能产生惊人的结果。

迈克的橄榄球生涯远没有奈杰尔那么辉煌，尽管他代表他所在地区在法国二级联赛中打了多年的橄榄球。迈克是霍特国际商学院的实践教授和兼职教员，有关领导力方面的著作颇丰。他是一名合格的教练，作为一名高管培训师、促进者和教练，他在全球范围内与数以千计的经理人和领导人（从巴西到日本）都有过合作，他发现了在领导团队方面真正有效的举措，以及那些非常糟糕的行为。

菲奥娜也是霍特国际商学院的实践教授和兼职教员。她还是一名自由职业者，担任教练和高管培训师，并与来自世界各地的经理人合作。此前，她曾担任阿什里奇商学院

（Ashridge Business School）的高管教育主任，在那里她领导了一个教师团队和管理两个涉及高管教育方面的业务流程。她开发了一系列心理测量工具，包括阿什里奇管理技能量表和影响风格偏好量表，这些工具至今仍在被广泛使用。菲奥娜独自撰写并和他人合著了许多关于领导力、团队、管理、职业发展和商业女性的书籍。她的大部分工作都是与团队合作，培训和教练团队领导，这些经历都有助于她了解有效管理团队的因素有哪些。

　　多年前，我们在阿什里奇商学院（现为霍特国际商学院的一部分）相识，当时我们正在为英国橄榄球联盟的"精英教练发展项目"工作。现在我们非常高兴能一起撰写本书，并将高绩效团队的概念和理论与我们的实践结合起来。

# 目　录

# 第一章
# 领导团队

"你不必为了成为一个领导者而担任某个职位。"

——亨利·福特，福特汽车公司的创始人

# 引言

你是什么样的领导？你怎样定义你的领导风格？

在这一章中，我们将研究两种常见的领导力隐喻，并推荐一种我们认为是当今最适用的团队领导方法。

在团队领导力发展中经常使用的两个隐喻是"领导是英雄"，以及罗伯特·格林利夫（Robert Greenleaf）的"领导是仆人"。更进一步解释的话，作为英雄的领导通常是那种知道自己想要什么的领导，他 / 她有明确的方向感，不太想听团队的想法，也不怕站出来告诉团队该做什么。这似乎在团队中很常见。但这是一种比较极端的表现。还有一种极端表现是仆人式领导：通常，仆人式领导是那种退后一步，提出问题，观察和倾听团队成员的团队领导。他们会认为自己是在为团队和组织服务。

现实往往处于两种极端表现中间的某个地带，而且往往是混乱且令人困惑的。有些领导鼓励团队成员畅所欲言，但却没有真正倾听，或者倾听的方式不够有礼貌，然后忽视团队成员的想法；又或者领导会听取团队成员的意见并采取行动，但如果团队中有许多大相径庭的想法，他们如何决定该采用哪些想法呢？

让我们来更深入地探讨一下这两种隐喻。

## 英雄 / 仆人式领导

"领导是英雄"的想法根深蒂固，它已被证明是一个顽固的隐喻，可能很难被取代。尽管它现在受到批评，并被视为与我们生存的这个易变的、不确定的、复杂的和模糊的（VUCA）世界越来越无关，但正如哈佛学者兼作家莎伦·达洛兹·帕克斯（Sharon Daloz Parks）所说，它是"一个深刻而持久的神话"。团队成员有时需要这种"有人领导他们"的安全感，并希望有一个明确的前进方向。

但是，如果你有一个英雄式的领导，那么团队中的成员怎么办？他们可能就会被认为是受害者或被动的追随者。这在一个复杂的世界里是行不通的，因为我们需要团队成员有责任感、积极主动并具备创造性。航空业就是一个很好的例子。在 20 世纪 70 年代，美国的航空业发生了一系列的事故，这些事故是人为的。导致人为错误的关键因素是飞行员之间的关系，即机长和大副之间的关系。许多经验丰富的飞行员，也许还有许多曾在军队服役的人，都相当专制。这意味着他们认为自己最了解情况，不接受大副或任何机组人员的挑战或反馈。机组人员使用的术语是"驾驶舱梯度"，这指的是机长、大副和机上其他机组人员之间的等级差异。当梯度过陡时，大副不愿意反对或挑战机长，即使他或她意识到机长正在犯一个致命的错误。

为解决这一问题，美国民航局引入了 CRM——机组资源管理这一概念。英国易捷航空公司（Easy Jet）的前机长斯图尔特·格林（Stuart Greene）解释说，CRM 意味着机长必须平易近人，接受反馈，让所有机组人员参与进来，并考虑不同的选择。对于 DODAR 来说，这意味着作为机长，他有义务利用他所掌握的所有资源，而不仅仅是做出专制的决定。DODAR 是由以下五个单词的首字母组成。

- Diagnose（consider），诊断（考虑）。
- Options，选择。
- Decide，决定。
- Assign，tasks，分配任务。
- Review，回顾总结。

DODAR 已经成为航空团队工作的重要组成部分，并减少了驾驶舱内的人为错误。其他团队最好考虑使用类似的方法，即团队领导有义务让团队成员考虑可选择的方案，并花时间审查决策。DODAR 解释说，回顾总结是这个过程的关键部分，因为情况随时都在变化，最初的决定可能得改变，而非盲目地坚持。

仆人式领导的概念是在大约 40 年前提出的，它是对有缺陷的英雄隐喻的一种反击。它的主要支持者是《仆人式领导》的作者罗伯特·格林利夫。虽然这一概念很吸引人，但它也有缺点：这个概念意味着领导应该为组织、员工和利益相关者服务，但领导作为仆人的比喻并不完全适合或适用于我们的多样化社会，而且它也没有真正激发管理团体的想象力。

---

**反思**

在英雄和仆人的两极之间，你怎么给自己定位（见图 1-1）？使用表 1-1 来确定你的选择。如果你倾向于把领导视为英雄，那么你可能需要更多地倾听，让你的团队成员参与进来，并经常退后一步，给其他人留出空间。

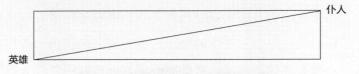

图 1-1　如何在英雄与仆人之间给自己定位

如果你倾向于仆人式领导，你会更擅长倾听别人的意见，让人们参与进来，那么你可能需要更勇敢地向前迈出一大步，分享你的想法和观点，并设定清晰的界限。

---

表 1-1 英雄与仆人式领导对比

| 英雄 | 仆人 |
| --- | --- |
| ■ 倾向于给出建议 | ■ 擅长仔细倾听 |
| ■ 缩短讨论时间 | ■ 尽量不打断别人 |
| ■ 不征求他人意见便采取行动 | ■ 总是寻求别人的意见 |
| ■ 确信自己的想法最好 | ■ 承认并包容他人 |
| ■ 行动多于倾听 | ■ 乐于退居幕后 |
| ■ 倾向于挺身而出并提供方向 | ■ 寻求他人帮助 |

# 东道主式领导

我们相信马克·麦克高（Mark McKergow）博士关于领导者是"东道主"的概念是帮助领导解决这些问题的有效方法。这个比喻对英雄式领导和仆人式领导都提供了有益的反思。针对日益复杂和变化的情况，这种模式的提出为我们提供了一种有趣的新角度，帮助我们更好地理解团队领导行为的系列概念。

招待、接待或款待客人或陌生人的行为和人类历史一样悠久。东道主有时必须英勇，挺身而出，策划活动、邀请客人、介绍嘉宾、提供服务。事实上他们也在服务——通过退后一步，鼓励他人，给予客人空间，加入不同的活动等。东道主可以被视为包含了英雄式和仆人式这两个隐喻的各个方面以及二者之间的流动过程。

## 东道主式领导的六个角色和四个位置

为了总结东道主式领导的概念，我们为你提供了东道主式领导可以担任的六个角色（见图 1-2）和四个位置（见图 1-3）。

（1）发起者——让事情开始。

（2）邀请者——邀请式思考。邀请人们做出贡献。

（3）空间创造者——创造空间让人们畅所欲言，表达自己。

（4）守门人——请人加入或在必要时排除某些人。

（5）中间人——进行连接和介绍。

（6）共同参与者——作为贡献者和团队成员加入其中。

图 1-2 东道主式领导的六个角色

资料来源：copyright McKergow & Bailey，used with permission.

你可能会想，这些角色中哪些能引起你的共鸣，哪些不能？理想的情况是，你能够根据不同的情况，自如地扮演这些角色。

对四个位置的论述如下：

1. 在聚光灯下：最前面的位置，在所有人的视野中，作为带头人。

2.与客人一起：和你的同事一起参与并做出贡献的位置。

3.在画廊里：当你需要对情况做一个整体的评估时所在的位置，即所谓的直升机视角。

4.在厨房：一个私人的思考空间。一个后退一步，反思正在发生的事情的地方和时间。

图1-3　东道主式领导的四个位置

资料来源：copyright McKergow & Bailey，used with permission.

作为一名领导者，你需要在有需求的时候用这四个位置和六个角色。如果你只停留在其中的一两个位置，你的工作效率就会降低。如果你总是站在前面，站在聚光灯下，那么你就没有照亮你的团队成员，也没有给他们足够的信任；如果你总是待在厨房里，没有人看见你，那也是不能够令人满意的。

## 东道主式领导的含义

东道主式领导有许多含义，作为东道主的领导应该是：

- 关系型的——东道主式领导只能与他人（客人）相对存在。在我们的例子中，客人是团队成员。

- 邀请型的——东道主式领导倾向于使用"温柔的力量"和欢迎的手段,而不是强迫他人。
- 创造意义——东道主式领导为新的互动和意义的产生提供一个环境。
- 分阶段思考——东道主式领导围绕任务,将准备和反思等阶段都视作整体活动的一部分。
- 照顾客人——东道主的主要职责是保护客人,东道主式领导意味着照顾整个团队并考虑他们的需求。
- 承担责任——东道主式领导对发生的事情负责,无论其是否在计划之内。这意味着,如果出现问题,团队领导不能只责怪团队。

## 既能上前,又可退后

作为东道主式领导,你要在上前一步(表现得有点英雄主义)和退后一步(服务、提供帮助、为他人留下空间)之间交替进行。要做到这一点,东道主式领导需要三样东西。

**意识**——对各种可能性的认识,以及它们如何与组织及其工作联系起来。

**灵活性**——在英雄式领导与仆人式领导范围内的不同地带上采取实际行动,并有效执行各项任务。

**时机**——根据情境机智地选择何时采取行动，何时后退，何时改变策略。

**当你上前一步时，你就在为整个团队设定期望值。**当团队领导站出来时，他会把人们聚集在一起，并设定期望值。他想帮助每个人弄清楚：

- 团队目标。
- 每个人能给团队带来什么——技能、知识等。
- 团队任务如何完成，会给你带来哪些重要影响——期待和界限。

在这里，你已经上前一步，设置了框架。然而，当你想从你的团队中得到最大的收获时，重要的是要记住适时退后一步，允许其他人做出贡献。

**当你退后时，你正在为互动创造空间；当你退后时，你会给团队一个参与的机会。**这意味着你要利用你掌握的所有资源。这并不意味着你不活跃——相反，你需要保持警觉并做出反应。

- 问一些开放性的问题，以获取人们的专业意见。在这里，你可以问这样的问题："简，你觉得怎么样？"或者，"我想听听你的看法，弗兰。"然后给你的团队成员适当的回应空间。
- 鼓励讨论。这意味着你表明了乐于接受改变的态度，所以你积极地让人们参与进来，给他们开诚布公的讨论的时间。好的讨论意味着人们允许彼此完整地表达想法，允许更好的想法在彼此的讨论中产生，并避免评判性的论断，避免以下这种可怕的短语"我同意，但是……"。

- 通过欣赏团队成员的创意和想法，通过与团队分享你打算如何采用他们的创意与想法，来树立良好的行为榜样。

当你积极地退后时，可能会有一个缓慢的开始，但要坚持住，给你的团队成员一个机会。你把这些人聚集在一起，如果你想从他们身上得到回馈，你就要给他们一个参与的机会。为其他人开辟一个互动的空间是很困难的，你可能有时会觉得自己有点失控，但你并没有失控。相反，你仍然在倾听和参与。当时机成熟时，如果你觉得有必要的话，你可以再次站出来，把事情的发展推向正轨。

**什么时候退后，什么时候上前？** 如果你想要参与更多，那就多退后一点，等等看会发生什么。如果事态发展偏离轨道太多，那就询问一下大家是否清楚自己的期望是什么，大家是否对想要的东西有共同的理解。慢慢地，你将了解到在自己的团队中何时是上前或退后的最佳时机。

如果你正处于一个新项目的开始阶段，我们看看你如何做到将上前和退后结合起来。最初，你可能会上前一步，概述项目的总体目标和意图。然后你会退后一步，邀请大家提问。你甚至可以鼓励大家提有挑战性的意见，并对之进行公开讨论，这样做的目的是让项目组成员自由地提出他们的建议和意见。然后，你可以再次向前一步，总结已经达成一致的内容并结束会议，之后再次退后去听取团队成员的行动计划和承诺。

> **例子**
>
> 　　乔纳森是一位专家、作家和研究员，凭借他的学术知识和资历，他被任命为一家大型商学院的首席执行官。虽然他拥有极其广博的知识与学问，但他在实际领导一个约有350人的团队方面缺乏相关知识或专业技能。他有点内向，在社交场合不自在，所以喜欢独来独往。结果是，商学院的人觉得他对他们不感兴趣，而且他缺乏明确的领导方向。乔纳森待在厨房或画廊里，没有"与客人在一起"或"在聚光灯下"。当然，如果他总是"站在聚光灯下"或"站在客人的位置上"，结果也不会令人满意。这里的挑战在于他能否根据环境灵活地运用这四个位置。

## 最后

　　当你面临领导力方面的挑战时，你可能会考虑使用本章中的观点来帮助你做决定：在所有的选择中，你应该采用哪一个？我们建议你首先考虑你是要后退还是前进。在那之后，你可以思考你要扮演六个角色中的哪一个。例如，你是邀请者还是守门人？然后考虑一下你需要处于哪个位置，是退到厨房里，以便深入思考情况，获得整体视角？还是站在聚光灯下承担责任。每一种情况都需要有不同的回应，领导的六个角色和四个位置作为一种非常有用的方法可以指导每个领导者做出选择。

# 第二章
# 了解自身和
# 他人

"如果你不愿向别人展示自己,你就不能向自己展示自己。"

——乔丹·B. 彼得森(Jordan B. Petersen),
加拿大作家、心理学家

古希腊德尔菲的神谕给那些咨询者的建议是"认识你自己"。对于一个高效工作的团队来说，团队领导和团队成员对自己的深入了解以及团队成员对团队领导和他们的同事的深入了解仍然是必不可少的。互相了解的最好方法之一是让团队进行性格描述，这样他们就可以分享彼此的喜好，更好地了解对方，从而可以更有效地互动。这样做的好处是：

- 了解彼此的长处和盲点。
- 对团队特色的清晰了解是日后开展工作讨论的基础。
- 用一种共同的语言来检视彼此的偏好以及这些偏好在团队工作中的含义。但是团队成员的个性会影响团队合作吗？心理学家兼作家罗伯特·霍根（Robert Hogan）指出，性格是团队表现的稳定预测器，因此，探索团队成员的不同个性，看他们如何有效地合作，是很有用的。

# 优秀的团队依赖于优秀的团队成员

我们从研究中得知，具有某些特征的团队在某些方面做得更好或更差。因此，如果你对高绩效团队感兴趣的话，对团队成员进行充分的人格特征研究是有意义的。除了认知能力之外，影响团队绩效的人格变量是所谓的"大五人格因素"，其中每一个因素都是按照从高到低的标准来衡量的。下面我们来解释每个变量。

- 开放性——高 = 创造力和好奇心；低 = 保守和谨慎。
- 责任心——高 = 高效且有组织性；低 = 挥霍和粗心。
- 外向性——高 = 外向且精力充沛；低 = 孤独和保守。
- 亲和性——高 = 友好且富有同情心；低 = 批判和理性。
- 情绪稳定性或神经质——高 = 敏感和紧张；低 = 坚韧和自信。

这些是大五人格因素，许多大型组织会在培训期间使用基于大五人格因素的各种变体来评估他们的员工状况，或将之作为绩效管理流程的一部分。并不是所有的团队成员都是优秀的团队成员，我们已经见过无数团队的工作被糟糕的团队成员破坏了。我们经常看到的一个例子是，拥有较强的专业技术能力的人是不讨人喜欢或情绪不稳定的。无论他们的技术有多好，他们似乎总是在扰乱团队，让其他人心烦意乱，而且通常无法与他人相处。

因此，我们的建议是——如果可能的话——了解每个团队成员的性格特点，然后讨论这些特点如何在团队环境、关系和任务中表现出来。按理说，如果你的团队成员缺乏，比如说，责任心，但是此项任务需要成员具有一定程度的责任心，那么这个任务将无法被有效地执行。而一个高度尽责的团队可能缺乏别的东西，即适应性和灵活性。在这种情况下，团队将无法实现最佳绩效。

基于经典的大五人格测试给同事提供反馈是很难的。例如，你可能不得不告诉某人，在对他的评估中，发现他的开放性低，责任心差，内向，不讨人喜欢，神经质或是情绪不稳定。通常情况下，对大五人格测试的结果进行汇报需要一个有经验的心理学家来确保过程准确，理解充分。

然而，还有其他更方便用户使用的工具。我们发现其中一个特别有用的工具是由研究员斯图尔特·德森（Stewart Desson）博士开发的。他创建了"Lumina Spark 个人特质肖像测评系统"，其中：

- 开放性被认为是一个连续区间，一个介于"高瞻远瞩"和"踏实工作"之间的连续区间。
- 责任心是介于"灵感驱动"和"纪律驱动"之间的连续区间。

- 外向性和内向性保持不变。
- 亲和性意味着以人为本或以结果为中心。
- 神经质——或情绪稳定性——在这个特定的工具中没有被测量。

这个测试的理念是，团队成员可以评估同事的性格特征，反思这对他们作为同事来说意味着什么，从而更好地了解同事，以便更有效地进行合作。Lumina Spark 个人特质肖像测评系统还能够查看团队的整体性格构成，以便了解团队成员的性格平衡情况，也能了解到不同团队成员之间的一些动态关系。

还有一个影响团队表现的因素是过度优势的概念。一个团队成员的关键优势在过度发挥时很容易变成弱点。这种情况会发生在某人有压力的时候。例如，自信是高效管理者的重要特质，但它可能会变成过度自信和傲慢；对取得结果的过度执着可能会变成对同事的欺凌；高度亲和的特质可能会演变成过度取悦的个性。因此，重要的是，你不仅要认识到自己和团队的优势，还要认识到你和团队潜在的过度优势。这将使你们能够在过度优势变成问题之前，帮助对方减轻这些负担带来的影响。当某人展现出过度优势的趋势时，他会对团队中的人际关系和业绩表现产生负面影响。

# 一些有助于自我认知和认识他人的工具

当然，有很多工具可以用来提高团队成员的自我意识。在我们使用过的众多工具中，有迈尔斯—布里格斯类型指数（MBTI）、基本人际关系导向（FIRO）、优势部署清单（SDI）、团队管理系统（TMS）、贝尔宾团队角色理论和霍根测评。它们都是非常有用的催化剂，可以帮助我们发现、反思和分享团队成员不同的性格特征及其影响。

然而，我们想把重点放在我们认为在团队中非常有用的两个特定工具上。一个是 Spotlight，由英格兰板球队前队长安德鲁·施特劳斯爵士（Sir Andrew Strauss）联合创立的咨询公司 Mindflick 创建；另一个是由斯图尔特·德森博士创建的 Lumina Spark 个人特质肖像测评系统，我们在本章前面提到过。

我们先来看 Spotlight。该工具的目标是帮助个人拓宽他们对自己个性的认知，以使得他们在寻找解决方案时更具灵活性，在工作和生活中更好地应对挑战（例如，与他人合作、在压力下工作等）。从概念上讲，Spotlight 被设置成与个人的行为风格偏好有关的两个不同的模型：① FLEX 模型（在有输赢的情况下，人们的心态模式）；② COPE 模型。

FLEX 模型是基于我们上面讨论的"大五"人格特征中

的两个——"外向性"和"亲和性"——而开发的。通过把处于这两个因素两极之间相关的特征两两结合（前提是确保每个特征都被认定是正面积极的），产生四种不同的行为风格偏好，这就构成了 FLEX 模型：

- 强有力的（外部任务聚焦）。
- 有逻辑的（内部任务聚焦）。
- 善解人意的（内部人物聚焦）。
- 善于表达的（外部人物聚焦）。

这四种风格中的每一种都与一组描述个人行为偏好的个人特征相关联：

- 强有力的——这是指团队成员以行动为导向，控制欲强，节奏快且直截了当。
- 有逻辑的——具有这种特征的团队成员往往善于分析、注重细节、精确得当。
- 善解人意的——有这种特征的团队成员往往会反思、鼓励、关心团队成员，他们是受价值观驱动的。
- 善于表达的——有这种偏好的团队成员喜欢与他人交流，热情、爱好互动，并极具说服力。

COPE 模型是在杰弗里·格雷（Jeffrey Gray）的"敏感性强化理论"的基础上发展起来的，该理论重点关注对惩罚刺激和强化刺激做出反应的人类大脑敏感性的个体化差异，并认为这是形成某些人格差异的基础。与该理论的两个核心因素相关的人格特征，即奖励敏感性（Reward Sensitivity，RS）和惩罚敏感性（Punishment Sensitivity，PS），被用来生成四种不同的心态偏好，构成 COPE 模型：

- 自洽型（低 PS 和低 RS）。
- 乐观型（低 PS 和高 RS）。
- 谨慎型（高 PS 和低 RS）。
- 参与型（高 PS 和高 RS）。

与 FLEX 模型一样，这四种心态中的每一种都与一组个人特征相关联，这些特征描述了一个人在感知到他可能赢得或失去某种东西时，即得到奖励和受到惩罚时的表现。COPE 模型会显示你对奖励或威胁的敏感程度。

- 自洽型——具有这种性格特征的人，对惩罚和奖励都不敏感。他们倾向于坚持自己的决定，并假定这是正确的行动。
- 乐观型——具有这种性格特征的人，对惩罚的敏感度低，对奖励的敏感度高，倾向于勇往直前，把事情做好。
- 谨慎型——具有这种性格特征的人，对惩罚高度敏感，对奖励低度敏感，倾向于看到特定情况下的危险，并希望谨慎行事。
- 参与型——具有这种性格特征的人，对惩罚和奖励的敏感度都很高，倾向于希望保持高度警惕，因为他们看待事物的态度是事情随时可能发生变化。

除了其他的种种指示之外，Spotlight 报告为我们提供了有关以下各种因素的指标，例如：

- 你对上述的 FLEX 和 COPE 模型的偏好。
- 你的驱动因素。
- 你的优点、过度优势和盲点。
- 给你信心的事物。
- 你的耐力和精力。
- 你的主要压力源是什么。
- 你在压力下如何反应。

奈杰尔在实践中广泛地使用了 Spotlight，并发现这个模型非常擅长解决他一直以来很感兴趣的、团队发展中的一个特殊课题。他之前已经意识到，当环境发生变化时，人们会做出不同的行为，而 Spotlight 帮助他理解了这种行为的转变，并将其转化为他的优势。当环境发生变化时，当有胜负输赢时，当压力来临时，或者当有截止期限时，你开始看到个人、团队的行为和心态的变化。如果你了解你的团队面对这些变化的反应，你就能更有效地领导你的团队，并改善结果。

在最近接受《福布斯》杂志采访时，安德鲁·施特劳斯说：

Spotlight 的设计让我们理解不同的环境会对人们提出不同的要求。特别是当你处于压力之下时，我们的思维模式会变得更加固定和僵化，而这才是真正严重的错误发生的原因。无论是在体育场上、在商业环境里，还是在应试环境下，僵化和固定都是不健康的。尝试了解如何在压力下保持适应性是至关重要的。世界是动态的，它总是在不停变化，你需要有能力去适应它，特别是当你处在压力下的时候。

因此，Spotlight 可以帮助我们识别有用的行为，并帮助团队成员了解他们如何应对压力。若想获取关于此特定工具的更多信息，请访问 https：//spotlightprofile.com，并在产品标签下导航到"Spotlight"。

## Lumina Spark 人格心理测量

现在让我们更详细地了解一下 Lumina Spark 人格心理测量，这是迈克和菲奥娜在与团队合作时广泛使用过的一个非常强大的工具，可以帮助人们建立有效的团队。在下面的模型中，我们可以看到 Lumina Spark 心理测量工具的 8 种特质和 24 种品质（见图 2–1）。每个特质都有三个特点。

所以，以人为导向的特质有三种品质：

- ■ 乐于助人的
- ■ 善于合作的
- ■ 有同理心的

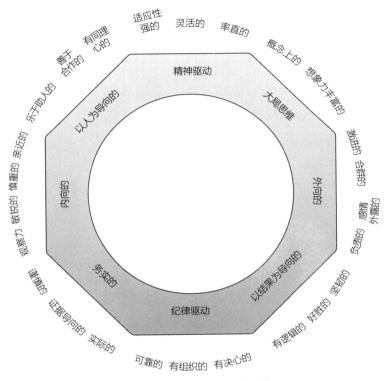

图2-1 8种特质和24种品质

而与之相反，以结果为导向的特质有这三种品质：

- 坚韧的
- 好胜的
- 有逻辑的

无论我们是否填写问卷都可以使用此模型。你可以通过以下方式来使用它：让团队成员们指出自己拥有的三个关键优势或特点，并让他们举例说明当他们在最佳状态时会如何利用自身优势。这将帮助团队成员了解彼此的优势和特点，使他们更有效地工作。例如，如果哈米表明他是一个乐于助人、善于合作和有同理心的人，而他的同事阿玛表明她是一个坚韧的、好胜的和有逻辑的人，那么他们可以一起讨论如何适应彼此的特点，以及这些优势如何在团队中得到相互补充。如果没有人意识到并与他人分享自己的优势和特点，那么阿玛就可能认为哈米不够上进，而哈米会觉得阿玛缺乏合作精神，这样的想法很快就会导致冲突。

你可以在团队中做的另一个练习是，让团队成员思考他们的过度优势。当他们感到疲倦、沮丧或有压力时，他们的优势如何变成劣势？为了说明这一点，请看图 2-2 所示的模型，其中详细说明了过度优势。例如，当压力过大时，那些倾向于以证据为基础并注重细节的人可能会过度关注事实的正确性，而迷失在细节中。在某些情况下，我们都可能夸大自己的优势，通过承认这点并分享这些，我们在团队中能够更加理解彼此、支持彼此。

你可以从图 2-2 的模型中看到，好胜和坚韧的优势一旦过度就会转变为不惜一切代价取胜的疯狂和寻求冲突的倾向。认识到是什么导致我们发挥过度优势，并在团队中就如何减少过度优势的影响展开公开讨论，将会减少成员之间的疏离，提高团队绩效。

完成这些简单的练习后，你将能够描绘出团队的整体优

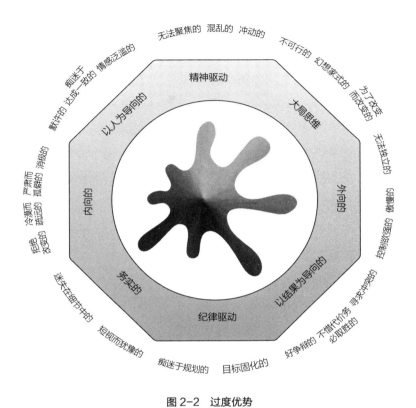

图 2-2　过度优势

势和过度优势。这将让你认识到你是否需要引入具有特定优
势的成员。例如，一个研发团队可能在细节和大局思维方面
都有很大的优势，但缺乏与外界的沟通技巧。或者一个对细
节和结果都有强烈偏好的技术团队可能缺乏沟通技能和大局
意识。如果人们没有认识到这一点并及时对之进行处理，就
很难发挥团队潜力。

　　Lumina Spark 心理测量的有趣之处在于它着眼于每种品质的三个不同方面。因此，它区分了你的潜在特征、你在工作中的表现情况，以及你过度发挥某种性格特点的情况（呈现过度扩张的人格）。

　　团队曼陀罗是一个显示团队的整体优势和特征的综合性总结。因此，所有的团队成员都可以通过使用团队曼陀罗而一目了然地看出团队的特征，并讨论这些特征可能蕴含的深层含义。上述模型中的团队总体上倾向于以人为导向。这当然很好，但我们需要思考的问题是"他们对产出和结果的关注是否足够？""以人为导向的成员和以结果为导向的成员之间有着怎样的关联？"这里的关键不是模型所显示的某个团队形象是正确的还是错误的，而是它能够使团队对自己的优势、过度优势以及任何隔阂进行公开且真诚的交流。

　　在图 2-1 中，我们看到了一个人日常偏好的 24 种品质。这些品质基于 8 个方面（见图 2-3 和表 2-1）：

　　特别有用的是，与其他一些心理测量工具不同，Lumina Spark 心理测量工具包含了一个悖论——它同时包含了看似相反的个性特征。例如，我们在不同的环境中既可以是外向的，也可以是内向的。填写了 Lumina Spark 问卷的每个团队成员将能够在潜在模式、日常模式和扩张模式下看到这 24 种品质。这使得每名团队成员都能够提高他们对自身潜在优势和特点的意识、提高他们在日常工作模式中使用这些优势或特点（或避免使用它们）的意识，也会让他们对何时可能过度

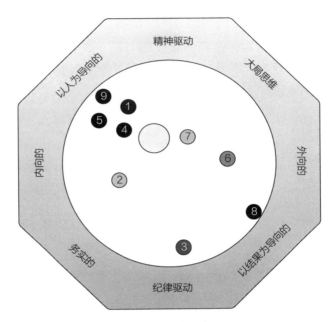

图 2-3　团队曼陀罗

表 2-1　8 个方面

| 精神驱动 | 纪律驱动 |
| --- | --- |
| 以人为导向的 | 以结果为导向的 |
| 大局思维 | 务实的 |
| 内向的 | 外向的 |

使用了这些优势的意识得到提高。因此，在上面的例子中，团队成员表现出的特点是逻辑性和同理心都很强。在其他情况下，我们看到过有的团队成员的逻辑性很强但同理心较差。这并不意味着他们不是善良的人，而是说明他们的反应集中

在逻辑和解决问题上，而没有集中在倾听和允许别人表达上。

因为看到过这些差异所导致的问题，我们觉得团队有必要就这些差异进行公开和诚实的讨论。无论有没有特定的心理测量问卷作为辅助，这些讨论都可以进行。你可以使用图表上的信息——24 种品质——作为这些讨论的催化剂和结构要素。因此你可以选择一种品质，并基于图 2-4 中的详细内

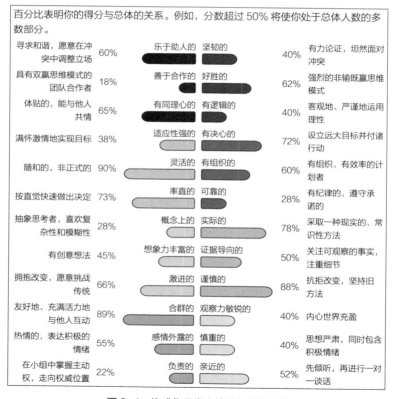

图 2-4　构成你日常人格的 24 种品质

容解释你自己的特点和偏好，然后与你的团队成员讨论其中的含义。

例如，如果你选择了"亲近的"和"负责的"这组特质，你会发现你的许多同事和你一样，都倾向于"负责的"，这意味着他们很果断、喜欢影响别人、喜欢带头做事。也许只有少数人表达出喜欢"亲近的"特点，这意味着他们喜欢倾听，他们很低调，喜欢一对一的谈话。这样的团队形象可能意味着团队中存在太多的竞争，缺乏倾听，这可能会让那些喜欢亲近的人感觉到极大的压力。这是具有挑战性行为的一个例子，我们可以通过使用这种结构化流程了解我和他人，从而确定并解决我们面临的问题。

随着时间的推移，你可以和你的团队就这 24 种品质中的每一种品质进行探讨，从而获得对彼此特点和偏好的更高层次的认识和理解，而这些突破也可以进一步强化团队的表现。

### 你的人格侧写

Lumina 学习有限公司善解人意的工作人员为我们的读者提供了获得自己的 Lumina Spark 人格特质测评的机会。你可以点击 https：//lumina.xyz/TeamsThatWork 获取一份免费的、迷你版的个人特质测评肖像，这份肖像将识别你在图 2-5 所示的八个方面的特质和偏好。

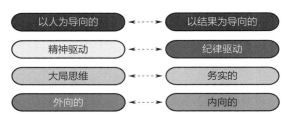

图 2-5　你的八个方面

这份肖像报告看起来就像图 2-6 一样！

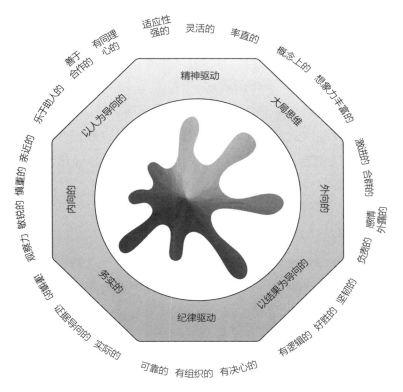

图 2-6　你的报告

你的报告中的颜色将对应这八个方面，每个维度的长度反映了你每个方面的长处。这份肖像将助你提高自我意识，当然你也可以与你的同事进行分享。基于这个肖像报告，你可以向同事们询问你的性格特点是如何影响他们和整个团队的，从而得到反馈。接下来的章节提供了很多如何在这些相应领域获得技能的建议。

# 第三章
# 构建心理
# 安全感

"心理安全感不是表现得很友善，而是能够坦诚反馈、公开承认错误、从他人身上学习的能力。"

——艾米·埃德蒙森（Amy Edmondson）博士

# 引言

在本章中，我们将研究心理安全感的概念，探索它为什么是组建优秀团队的一个重要因素，并给出如何在团队中培养有效的心理安全感的建议。研究表明，在一个组织中，高水平的心理安全感会导向更有效的团队合作和更理想的结果。当团队面临极其复杂、瞬息万变的局面时，成员需要高度的互相依赖，心理安全感的重要性就尤其凸显了出来。高水平的心理安全感会为团队成员带来更好的表现。

## 心理安全感的起源

心理安全感的概念来源于对组织变革的研究，麻省理工学院教授埃德加·沙因（Edgar Schein）和沃伦·本尼斯（Warren Bennis）讨论了如果要让个人感到安全并具备改变的能力，就需要为他们创造心理安全。1990 年，波士顿大学的威廉·卡恩（William Kahn）展示了心理安全如何提升员工的参与感。他研究了具备心理安全感的人们在工作中如何参与团队合作并进行自我表达，这一点与心理安全感低的成员截然不同，后者更容易在工作中置身事外，时时立起防御的墙。显然，全情投入的团队成员的工作效率会远远高于心不在焉的团队成员的工作效率。因此，如果你的目标是建立一个运作良好的团队，那么高度的心理安全感对你的团队来说是很重要的。

## 心理安全感到底是什么

哈佛商学院教授艾米·埃德蒙森将心理安全感定义为一种信念，即一个人不会因为说出自己的想法、问题、担忧或犯错误而受到惩罚或羞辱。美国塔尔萨奥罗尔罗伯茨大学领导与创新副教授大卫·伯库斯（David Burkus）将其定义为"测量团队中人们分享彼此的想法、经验和所有一切的标尺"。

这两种定义都强调了拥有一个安全的工作环境对降低人际风险的重要性。这意味着你能够说出自己的观点、想法，并提出建议和问题。感到安全意味着你不会因为自由表达观点而受到指责、评判或嘲笑，你有信心毫无畏惧地说出你的任何担忧。然而,在我们看来,在团队中,或者在许多工作环境中,很少会看到真正的、高度的心理安全感。我们认为,创造和维持一个让人们感到心理安全的环境极具挑战性。如果要实现这一目标,需要克服一系列障碍。

这时候,你可能想要反思和评估你的团队或所处环境的心理安全程度。首先考虑以下几个方面,然后打分并记录你最初的想法。如果你的态度不强烈,就打 1 分,如果态度强烈就打 5 分。你至少应该在每道题上打出 3 分。理想情况下,你的平均值是 4 或 5。如果得分低于 3 分,那么便需要引起重视,要请团队成员提出一些具体可行的建议和措施。然后,你们需要就具体的行为以及团队成员如何对行动负责达成一致。如果你的平均值是 3,那么仍有进步和上升的空间(见表 3-1)。

**反思**

表 3-1　团队心理安全感评估表

| 问题 | 分数 1~5 | 笔记 |
| --- | --- | --- |
| 团队成员在问问题、提出质疑和面对难以解决的事情时轻松吗? | | |
| 我有多了解我的团队成员? | | |

|  | （续） |  |
| --- | --- | --- |
| 问题 | 分数 1~5 | 笔记 |
| 我是否能忍受错误并从中汲取教训？ |  |  |
| 所有成员是否在团队中做出了同等的贡献？ |  |  |
| 团队成员之间的反馈机制是团队文化的一部分吗？ |  |  |
| 争辩是被鼓励的吗？ |  |  |

# 为什么心理安全感对团队来说很重要

　　建立高度的心理安全感需要一个支持性很强的组织文化、一个高效的团队领导，以及所有团队成员对心理安全感这一概念的充分理解和真诚支持。要做到这一点，需要决心、技巧和诚实。我们已经看到和听到许多团队领导和成员自豪地表示，他们为自己的团队拥有较高的心理安全而感到骄傲，然而当我们单独采访团队成员时，他们告诉我们的却并非如此。实现高水平的心理安全感需要大量的技巧，例如，你需要意识到你对别人提的建议摇头或翻白眼会对别人造成什么影响。尽管这些行为可能不是有意识或故意为之的，但它们可能被团队成员视为冷漠或反对的表现。

注意团队成员的肢体语言也十分重要，这样便能注意到他们什么时候想要参与讨论。除此之外，领导要有能力邀请团队成员参与讨论并贡献想法，同时克制自己不要过分挑剔或忽视他们的努力。

但是，即使管理层坚持认为团队整体的心理安全感非常高，并且每一位团队成员都被鼓励畅所欲言，但他们中的许多人还是会想，"如果我说出我的真实想法，是否会影响我的职业发展？"如果我们不能百分之百确定我们是安全的，我们就会选择在会议中闭嘴，可是喝咖啡的时候又会向我们信任的同事抱怨。结果是，领导听不到我们想说的话，而问题则又一次被掩盖了。

对我们来说，心理安全感有不同的等级。我们看到有些团队的心理安全感水平很高，有些团队处于我们常说的一般水平，还有一些团队的心理安全感非常低。下面的模型提供了一种检测和解释你的团队或所处环境的心理安全感的一种方式。

检查你的一个或多个团队的心理安全感水平可能会对你有启示作用（我们将在本章后面告诉你如何做到这一点），如果你把心理安全感水平与可测量的、有责任的压力大小联系起来，那启示作用就更大了。模型有四个主要选项：

- 低心理安全感和低责任感。
- 高心理安全感和低责任感。

- 高责任感和低心理安全感。
- 高责任感和高心理安全感。

（1）当责任感和心理安全感水平都很低时，所导致的后果是团队满足于现状和不思进取。这时需要做的是提高心理安全感（通过使用稍后提到的一些技巧），并提升团队的绩效标准和责任感。

（2）如果你有高度的心理安全感，但责任感较低，那么很可能出现团队过于安逸的问题。团队成员乐于畅所欲言地表达自己的意见，但绩效标准很低；他们可能每天都很高兴，但缺少认真做事的执行力。我们需要引入的是必要的、清晰的绩效标准，同时确保团队成员能够对他们的行为负责。

（3）我们已经看到很多团队——商业团队和体育团队——都属于第三种情况。在这种情况下，你的团队有严格的绩效标准、明确的结果导向、高度的负责制度，但是，如果团队成员对某些事情感到不确定或压力过大，他们就没有或很少有机会说出他们的想法。矛盾的是，过分强调结果往往会导致次优表现。最好的解决方法就是增加团队的心理安全感。这需要团队领导来推动，他必须以身作则——多倾听、少打断、少评判，允许团队成员畅所欲言，言明自己的忧虑。

（4）第四种是一种理想的情况——团队有高度的心理安
全感、高度的责任心。我们相信，这将使团队成员更
开诚布公地对待任何问题，使团队成为更可持续发展
的高效团队。这里需要面对的挑战是，团队要在确保
两个参数值很高的同时不会沾沾自喜、掉以轻心。

我们在写这本书时，世界正在慢慢从新冠大流行的疫情
中恢复过来，这是许多国家几十年来遭遇的最大危机。不得不
承认的是，在这种极其困难和复杂的情况下，没有人确切地知
道该怎么办。但是在一线的团队——例如在我们的医院里——
需要每个医生都能提出想法和建议，也需要医院领导者保持开
放的心态，承认他们会犯错。据我们采访过的医生说，这一切
都正在发生——医院中的等级制度已经没那么重要了。

法国宪兵队的一位上校告诉我们，他们希望保留一些在
应对新冠疫情的过程中建立起来的新颖的、更加开放的工作
方式。一位在一家伦敦医院工作的医生告诉我们，等级和权
力的概念已经彻底改变，每个人都被鼓励提出想法和建议。
这不仅为团队带来了更高效的决策，也让他们逐渐接受了不
可能第一次就把事情都做对的事实，并认识到迅速采取行
动是更为必要的。指责文化已经被束之高阁了，至少目前是
这样！

谷歌对"什么造就了高效的团队"这一议题进行了广泛
的研究（所谓的"亚里士多德"项目），他们的调查结果发

现，其中一个真正起作用的因素是心理安全感。请记住，谷歌是一家拥有约 13.5 万人的公司，2018 年的收入约为 1600 亿美元（数据来源：Statista），它是世界上最大的公司之一。谷歌的研究发现，在最高效的团队中，成员的发言次数大致相同。只要每个人都有机会说话，团队就会做得很好，但如果只有一个人或一个小团体一直在说话，集体智慧就会下降。他们还发现，最好的团队有一种可称作"高平均社会敏感性"的东西，换句话说，就是团队成员能够熟练地根据他人的语气、表情和其他非语言线索来判断其感受。

团队成员必须能够在无须担心被嘲笑的情况下贡献自己的想法，他们需要确信自己的想法至少会被倾听。团队的领导者和团队成员要能够捕捉并注意到每一位成员的肢体语言和派生语言，比如，当他们想要发言或当他们不同意正在讨论的观点时的肢体语言。

**个案研究**

简是一位新晋升的领导，她有无数成功的经验，业绩表现非常出色。虽然她是一个优秀的执行者，但她没有领导他人的经验，也没有接受过任何培训。她机灵、善于交际、聪明、注重细节、工作努力。这难道不是成功的秘诀？不幸的是，并不是，因为简还没有完全理解，要想成为一名领导者，她必须有同理心、倾听并信任团队。

与此相关的一个例子是在新冠疫情造成的困难时期，她的团队不得不在家里工作。团队安排在每天早上8点之前进行电话报到，以此开启一天的工作。这确实是个好主意。当然团队成员也期待这样——每个人都能以电话会议的方式签到。通常情况下，高效的领导者会依次问询每个团队成员，问他们最近发生了什么事情，他们的心情如何等，并给他们一个表达的机会。但是简——出于好意——一直在告诉团队她在做什么，然后在分配给团队成员的30分钟里自己讲了25分钟，告诉团队成员他们必须做什么以及怎样去做。

结果是，团队成员没有机会说出他们的焦虑情绪或他们的问题，也没有机会获得帮助。他们感到沮丧和不满，对工作更不上心。所以这个团队缺乏心理安全感，不是因为简自负或缺乏关心，而是因为她缺乏真正的领导经验。

我们经常听到类似的故事。

## 在你的团队里建立心理安全感

有多种不同的方法来促进团队心理安全感的创建和发展。我们强调了团队、领导者和成员可以发展和模仿的六个关键领域，以提升团队心理安全感（见图3-1）。

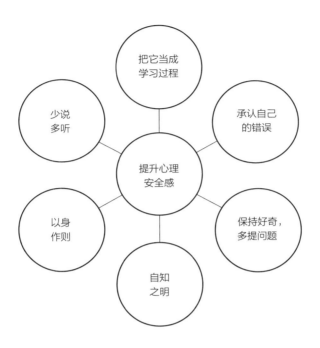

图 3-1　六个关键领域

　　**把你正在做的事情看成学习的过程，而不仅仅只是执行的任务**。这意味着，领导不仅要告诉团队成员该做什么和怎么做，更要专注于让在场的每个人都参与进来，接受新的观点和想法，并表现得低调和谦逊。为了确保每个人都能贡献自己的想法，你可能不得不接受讨论的时间被延长、现场的局面变得更混乱等。你可能是老板，但你无法"垄断"所有的好主意。当世界上存在巨大的不确定性时，你需要让所有成员开动脑筋，畅所欲言。

**承认自己作为领导者的缺陷。**任何领导都需要做出榜样，表明他们并非无所不知。可以说"我可能遗漏了什么"或"我们还有什么想法吗"，这表明你认识到你并非无所不知，也会鼓励其他人畅所欲言。当然，对任何想法进行探讨并付诸行动也很重要。

**保持好奇，多问问题，而不仅仅是发表总结陈词和声明。**很多时候，领导者觉得他们必须通过告诉别人该做什么或提出建议来证明自己有用，但其实为了确保团队成员有高度的心理安全感，更重要的是认真倾听并提出好问题。

**要有自知之明，要好好审视一下自己作为领导或团队成员的形象。**你是否像你认为的那样好？你知道别人如何看待你吗？你如何定期获得他人对于你作为领导的行为或表现的反馈？如果你没有定期得到反馈，那么我们建议你想办法获取。如果你害怕得到反馈，那么这暗示着你不会喜欢你所听到的东西。获得定期反馈的一个方法是鼓励团队中的每个人反思并分享他们认为其他人做得好的地方，以及他们自己可以采取哪些不同的方法来更高效地完成任务。逐渐养成将这种反馈纳入会议议程的习惯。我们在第十一章会对反馈进行更详细的介绍。

**塑造心理安全感。**换句话说，要确保你能够尽你所能提高自己在情绪上的敏感性，能够捕捉到团队成员的非语言线索，能鼓励他人发言，赞赏他们的贡献，并能够处理团队中任何打断他人发言或对他人冷漠的人。

少说多听！美国作家史蒂芬·柯维（Steven Covey）说过："首先寻求理解，然后寻求被理解。"他的意思是，在评估、批评或评判别人之前，你需要先学会倾听他人、提出问题和试图理解他人。然后，你才有权利发表你的意见。

我们认为，真正有效的团队是那些具有高度心理安全感的团队，他们会定期关注和评估团队成员在畅所欲言表达己见、挑战不同观点和与他人争辩时的心理安全感。

## 获取心理安全感的障碍

我们之前提到过，有很多障碍阻止我们获取高度的心理安全感。以下是关于人们在团队中应该如何表现的不成文的隐形规则。

团队成员通常持有以下信念：

- 如果某件事是老板的主意，或者这个想法有他／她的功劳，我们就不应该批评它。
- 除非有确凿的证据和数据支撑，否则我们不能随意发声。
- 如果老板在场，挑战老板需要三思而后行。
- 只要老板在场，我们就不能在团队里表现得消极。

- 畅所欲言和挑战权威会对我们的职业生涯产生负面影响。

这些隐性规则都阻碍了心理安全感的产生。如果你是团队领导，你需要专门处理这些隐形规则，确保这些含蓄的条文被明确地表达，并对之进行讨论。然后，你需要明确地要求团队成员挑战你的想法，欢迎甚至奖励那些敢于提出质疑的人。若不这么做，团队成员会不敢表达、不敢说出他们的真实想法。我们经常听到领导对心理安全感高谈阔论，但实际上并没有付诸行动以使它真正地存在于他们的团队之中。

在心理安全感方面还有两个值得考虑的领域——创造性与创新性以及消除恐惧。

**创造性与创新性。**有趣的是，埃德蒙森教授的研究表明，如果人们感到不安全，他们不仅不会提出批评或质疑，还会拒绝提出新点子和任何创新的想法。因此，如果我们没有强烈的心理安全感，就倾向于保守行事，默不作声，也不承担任何风险。这造成了创新性与创造性的缺失，而这一缺失又往往会在创新精神至关重要的时刻导致糟糕的结果。

**消除恐惧。**一个具有高度心理安全感的团队所必备的品质是消除恐惧。质量专家爱德华·戴明（Edward Deming）将消除恐惧作为他在任何进程中保证质量的关键标准之一。一个简单的事实是，如果人们出于某种原因感到害怕，他们就不会发声，那么任何有关质量的问题都不会被提出，因此就不会得到妥善解决。

米其林星级厨师汤姆·凯利基（Tom Kerridge）很清楚，恐惧是员工发挥创造力、全情投入工作和表现杰出的障碍。

我们允许人们犯错，这是最重要的事情，我们没有什么需要害怕的。比起对一件事没有想法，我对他们有想法但因为怕犯错不去尝试更加失望。这确实让人失望：那些害怕的人不会有进步，那些有进步的人会说"我有个想法"，或者他们直接尝试着去做事情。可能你最后会说，"见鬼，他们这么做是为了什么？"但你也会觉得他们了不起，因为他们有足够的信心，能够发挥主观能动性去做一些事，这令我们感到兴奋。作为一家了不起的公司，我们允许员工在一定程度上犯错。

汤姆的工作环境是非常苛刻和异常艰苦的，因为来就餐的客户总是追求完美。所以，如果他为了培养员工的创造力、为了让他们成长而允许他们犯错，那么什么在阻止你呢？

另外，恐惧阻碍了学习。在今天这个极其复杂的世界里，学习绝对是达到高绩效的关键。已故的雷格·雷文斯（Reg Revans）——"在行动中学习（Action Learning）"的创始人——提出了一个非常有用的关于学习的公式。这个公式是 L（学习）≥ C（环境）。这意味着，我们学习的东西必须等于或大于环境变化的速度。因此，如果你的团队环境变化很快，那么你和你的团队可能就需要准备好学习更多的东西。

在美国的布里奇沃特联合公司，没有人有权保留自己的批评意见，有意见就要公开表达。对企业内的一些事情有负面评价是完全可以理解的，但创始人雷·达利奥（Ray Dalio）坚持认为，如果你有不同意见，你就必须说出来。这是为了防止以下常见情况的发生：通常，当我们不同意团队中的某些事情时，我们会在饮水机旁或喝咖啡时向我们信任的同事吐槽、抱怨，可是当老板问我们对公司最新目标或一系列重要事项的看法时，我们只会说，"非常好"或"我同意"，但其实我们心里并不这样想。

## 评估团队中的心理安全感

保持团队恒定的心理安全感需要我们定期做回顾和检视。建立一个开放的、能够让每个人都觉得愿意给予反馈、接受反馈的文化，是一个很好的起点。

衡量团队心理安全感的一种方法是定期评估以下事项。以下所列事项的发生频率应该较低：

- 打断程度。
- 评判和批评的水平。
- 在背后说别人的坏话。
- 流言蜚语。

以下所列事项的发生频率应该较高：

- 支持和鼓励。
- 关注肢体语言——你的和他人的。
- 对错误的容忍。
- 表示赞赏。
- 讨论困难问题的意愿。
- 保密性。

上述清单（以及你希望探索的任何其他事项）可以用作审查你的团队心理安全状况。定期召开单独的会议进行审查，或者在其他会议快结束时花点时间探讨与心理安全相关的问题，都将有助于形成一种开放的反馈机制，并最终建立起一个保障心理安全感的环境。启动这种会议的一种方法是让每个团队成员对团队的心理安全感水平进行排名——1 分代表最低，10 分代表最高。我们发现最好的办法是使用便利贴。每个人都记下他们的回答，然后把便利贴贴在墙上，这样所有人都能看到大家的反馈。它还提供了一定程度的匿名性，随着团队的开放性和信任度提高，这种匿名性可以适当减少。

然后，你们对这些代表安全感水平的数字进行讨论，共同决定它们是否足够令人满意。如果数字已经足够好，那么你们就可以共同讨论如何进一步维持、改进和提高现有水平。如果你们觉得数字不够好，那么你们就可以讨论要采取什么行动，持有何种态度去提高分数。

　　最后，我们想分享一个奈杰尔说过的有关橄榄球球队的故事。它说明了某些行为是多么容易成为团队或群体规范的一部分，这就是公认的规则和习俗的产生过程；而当这些规则和习俗被用于日常工作中时，就使团队的心理安全感水平产生或高或低的变化。

### 个案研究

　　在以前的橄榄球运动中，球队等级森严；总是有一群老球员来制定标准。对于这些老球员来说，年轻球员是对他们在球队地位的一种威胁，他们会试图压制而非鼓励他们发展。年轻球员永远不会被邀请加入球队的领导小组（如果有的话），而这种风气反过来也将影响他们在未来成为资深球员时的所作所为。

　　作为一名年轻球员，你必须注意你的行为举止，确保你遵守规则，努力工作，保持谦逊（而非张扬）的态度。在一些球队中，你在去比赛的大巴上的座位将由你的年龄和经验决定——只有资深球员才被允许坐在后面！

　　对于一名刚进入某个优秀球队的年轻球员来说，这是一段非常艰难的过渡时期。首要的压力是，你是被选来代替某个已成名的球员的。我记得我在18岁的时候第一次被选中加入约克郡队，来代替一名非常受欢迎、非常成功的球员，他随后被调到了替补席上。这在球队内部一些比较有声望的球员和新球员之间造成了一种极度尴尬和充满压力的局面。其次，你想要表现出色以证明自己被选中是正确的，但你所处的环境会给你带来压力，让你无法应对。这就好比你必须通过一个个心理挑战来赢得团队的尊重，并最终被其接受。

另外，我在 1979 年也被选为英格兰北部球队的替补队员，这个球队在我的家乡奥特利击败了全黑队。球队里都是国际著名的运动员。他们的教练是伟大的德斯·西布鲁克（Des Seabrook）——一位备受尊敬的良师和教练。那时我才 18 岁，简直像是乳臭未干的小伙子闯进了藏龙卧虎之地！

当时我所处的环境非常不同。德斯·西布鲁克只有很短的时间来组织球队，但他为了使我参与其中而做出了巨大的努力。我们的队长比尔·博蒙特爵士当时也是英格兰队的队长，他抽出时间与我交谈，让我感到舒服、放松，时至今日我们仍是朋友。史蒂夫·史密斯，我所替补的正式队员，成为我的朋友和导师。这是一支与众不同的球队，拥有与众不同的球队氛围，他们在那个周末击败了举世闻名的全黑队，促成了世界橄榄球史上令人震惊的滑铁卢事件。我还记得我坐着大巴去看比赛时的兴奋和自豪，心想，这支球队将击败全黑队——今天没有什么能阻止他们。那一周我学到了团队氛围的重要性，是这些认知将我塑造成一名合格的队长、教练和领导者。

### 我们能从这个个案中学到什么

团队周围的环境——组织或企业文化——对团队的成长和发展都至关重要。扪心自问，有多少团队因为领导者没有花时间创造一个让每个人都觉得可以为团队的成功做出贡献的、心理安全感十足的环境，而无法最大限度地发挥成员的全部潜能？创造一个心理安全感十足的环境需要时间、耐心、善于提出好问题的能力以及有效的倾听技巧。

在球队中，让队员拥有一个心理上觉得安全的环境是很重要的，尤其是在分析他们球场上的表现的时候。对于一个表现不佳的球员来说，当他所犯的每一个错误都被以视频的形式在团队中公开讨论时，他可能会感到非常不舒服。这会影响他的下一场比赛的信心，导致一连串的糟糕表现。在一个安全的环境中，每个人都应当明白他们在某些时候会犯错，他们不会因为这些错误而受到评判或指责；每位队员也会理解对自身表现的更详细的分析可以促成他未来更好的表现。这也是整个团队讨论如何把事情做得更好、更具创造性和创新性，以及如何提高表现水平的时刻。一些橄榄球教练只注重分析犯错的地方，但庆祝成功也同等重要，要确保那些本来就进展顺利的事情也得到重视并能继续推进。

这些来自体育界的经验也可以应用于其他工作环境。挑战在于人们需要花时间、付出耐心和精力投入其中。

# 第四章
# 促进多样性
# 和包容性

04

"优势源于不同，而非相似。"

——美国作家、教育家史蒂芬·柯维

（Stephen Covey）

# 引言

很多社会运动已将多样性和包容性推到了各个组织议程的首位。多样性和包容性也已经成为人们寻找工作机会时的重点考虑因素。现在近70%的求职者认为，在选择工作机构时，多样性是非常重要的。多样性和包容性鼓励团队对复杂问题采取更广泛的视角，也常常带来更有效的结果，所以至关重要。适当的多样性水平将直接影响团队的表现水平、团队吸引和留住人才的能力，以及团队成员的积极性和参与度。

你可能想知道为什么"多样性"和"包容性"这两个词几乎总是联系在一起。关于多样性和包容性，首先要指出的是，它们确实需要结合在一起。拥有一个具有多样性而不具有包容性的团队是无效的；同样的，拥有一个具备包容性，但无任何多样性的团队也是没有意义的。你可以把多样性看作是关于以下这些事实的多样性：你的团队成员在年龄、性别、种族等方面的差异性如何？而包容性则是指你作为团队领导和团队成员所做的、真正包含不同声音的抉择。如果你的团队是多元化的，但不同的声音却没有被倾听，那么他们可能会觉得自己没有归属感，会从这个团体中脱离，去寻求另一个欢迎他们并包容他们的组织。正如一位客户告诉我们的那样，"多样性是被邀请参加舞会，而包容性是你出现在舞会上并收到了跳舞的邀请"。

多样性顾问詹妮弗·莫里斯（Jennifer Morris）表示，包容性是释放多样性的关键。我们经常与那些相当多元化但包容性很低的团队合作。当团队的包容性较低时，经常发生的典型事例是，某个团队成员提出了一个建议没有被听取或采纳；而一个有更大声音或更大权力的人提出了相同或类似的建议，这一建议马上被采纳并应用了。但遗憾的是这一功劳却没归功于最初提出这一建议的那个人。所以仅仅拥有一个多样性的团队是不够的。团队中的每个人都必须感到被充分包容、尊重和倾听。不幸的是，情况并不总是如此。

> **反思**
>
> 在我们进一步探讨多样性和包容性之前，你可能想反思一下你自己的组织、部门和团队中的多样性和包容性。如果1分是缺乏多样性，10分是拥有真正的多样性，在1~10的范围内，你会给每个团体打多少分？使用表4–1来记录你的

分数，并记下原因。

表 4-1　多样性评估表

| 我所在团体的多样性 | 1~10 分 | 写下你打分的原因 |
|---|---|---|
| 组织 | | |
| 部门 | | |
| 团队 | | |

## 对多样性和包容性的看法

　　我们可以从几个不同的角度来看待团队中的多样性和包容性。第一个，从法律和监管的角度来看——你们国家的法律对多样性和平等有什么规定？这些法规对你的团队和组织意味着什么？这可能是最低标准——遵纪守法，但这远远不够。

　　第二个，伦理视角。多样性、代表不同人群的多样视角难道不是正确和恰当的吗？退一步说，如果该组织不具有代表性，那将是不公平和不道德的。除此之外，它还会带来一些具体的问题，例如，如果某个组织不具有代表性，就会影响到它的可信度。例如，一支完全由白人男性组成的警察队伍不能合法地声称自己在英国具有代表性，而且在得不到公众支持的情况下，他们很难履行自己的职责，因为他们并不能够代表公众。那些不能代表自己所属组织的团队将会难以保持其与组织的联系。毫无疑问，大多数组织都缺乏多样性。例如，在美国，高管团队中只有 16% 的成员是女性，在英国，这一比例仅为 12%；在英国，约翰·帕克（John Parker）爵士对富时集团 100 家公司的多样性进行调查的结果显示，只有 5 家公司的首席执行官是女性。当女性人口占英国总人口的一半以上时，这个数据显然是难以被接受的。

　　第三个视角是创意、创新和挑战的视角。团队越是多元化，你就越有可能在一个具体问题上获得不同的观点和看法。在这个复杂的世界里，很少有简单的答案，花时间去倾听不同的声音是非常有效的。波士顿咨询集团 2014 年的一项研究显示，75% 的高管表示创新是公司的三大优先事项之一。但在同一项研究中，83% 的高管表示，团队的创新能力一般或较弱。因此，显然关于多样性和包容性还有很多工作要做。

　　思想和观点的多样性会带来更有创造力的团队和更有创新精神的思维方式。显然，这个过程也有其自身的挑战。比如，决策过程可能会比较慢。但从长远来看，一个好的决策最好是经过长时间的讨论，这样人们在讨论时就已经表达了他们的观点和担忧，他们的意见被倾听了，因此在实施时他们更有可能充分参与其中；可能会产生更多的冲突，但在这种情况下，团队领导和团队成员必须掌握处理冲突的技巧。

缺乏冲突对于一个团队来说不是一件好事。如果团队完全趋同，没有多样性，那么显然决策可以快速做出，但很多不同的观点也没有被考虑到。

要想得到多元思想的碰撞，你需要拥有尽可能广泛的多样性。这应该包括认知上的多样性以及性别多样性、性取向多样性、种族多样性等。但正如我们已经提到的，我们的机构往往缺乏多样性，这一事实令人悲伤。例如，欧洲性别平等研究所追踪了欧盟成员国中男女不平等的七个领域。这些领域是：工作、金钱、知识、时间、权力、健康和暴力。最新的数据是 2015 年的，这些数据显示，欧盟男女平等的比例为 66%——男女完全平等的比例应是 100%。所以很明显，在欧盟，男性比女性享有更多特权。在许多其他团队和组织中，情况甚至更糟糕。

## 建设多元的、包容的文化

企业或团队经常招聘与自己相似的人，他们寻找的是文化上的契合点，而不是思考如何创造一种有效的文化。改变这一点需要改变思维方式，并专注于去创造一种新的企业文化，而非仅仅延续现有文化。

在《泰晤士报》的一篇文章中，记者马修·赛义德（Matthew Syed）表示，多样性为策略的制定带来了不同的身份立场以及不同的视角和见解，进而带来了更好的解决问题的办法以及更理想的结果。当团队面临复杂的问题（通常被称为"棘手问题"）时，团队中有不同的观点，并且这些观点都能被倾听，这是至关重要的。对于"棘手问题"，没有简单明了的答案——实际上根本没有答案——只有面对问题的不同选择。正如卡尼曼（Kahneman）等人在他们的《噪声》一书中所说，"当面对'棘手问题'时，你想听到不同的观点。"如果团队没有不同的观点，那么每个人就会从同一个狭隘的视角看待问题。在这种情况下，团队的选择范围就会非常有限。

斯科特·德拉韦尔（Scott Drawer）是一名为英国奥委会工作的体育专家。他专门招募了一群挑战他的思维模式的人。

米其林星级厨师汤姆·克里奇（Tom Kerridge）是多样性的拥护者，在接受我们的采访时，汤姆说了一段话：

厨房里的厨师并不都是拥有一等荣誉学位的人。他们通常都是来自社会各阶层的形形色色的人。我总是这样形容厨房：它就像一艘海盗船，里面装满了各色人等。厨房完全是包容的，充满乐趣的，它是不同文化和背景的大熔炉。每个人都是受欢迎的，所有人的目标都一致，烹饪、娱乐、冒险，刺激。厨房是令人惊叹的地方，它因你吸引来了各式各样的人而变得丰富多彩。

随着职业比赛的出现，橄榄球队变得更加多样化——球员拥有不同的文化和种族——球队也因为球员的多样化而变得更加强大。

## 这对你和你的组织意味着什么

德勤（Deloitte）咨询公司对多样性以及领导者、管理者和团队成员为满足多样性需求所需的基本条件进行了广泛的研究。

德勤的研究表明当今的多样性有四大趋势。

（1）**市场的多样性**。中产阶层人口的大部分增长将来自亚洲、非洲和拉丁美洲。如果企业或组织有全球化的野心，那么它们就需要那些对多样性持更开放的态度、更具全球化思维的人，这些人能够在市场中吸引和留住当地人才。

（2）**客户的多样性**。这显然与上述情况有关，因为随着市场变得更加多样化，客户也变得更加多样化。真正高效的企业正在努力发展更加以客户为中心的心态和能力，所以企业的员工和团队将不得不反映其客户群的多样性。

（3）**思想的多样性**。比尔·盖茨曾经说过，企业要么创新，要么死亡，而创新是企业的首要任务。有效创新的最

佳途径是培养员工的发散性思维，并降低群体性思维
带来的危害。利用集体智慧，意味着企业的领导者必
须倾听不同的观点，并积极鼓励员工提出挑战性意见。

（4）**人才的多样性**。成功的企业和组织能够开发和优化
多样化的人才库。从大环境看，到 2030 年，中国的
毕业生人数将超过整个美国的劳动力，到时将会有
一批流动性强、受过良好教育的工作者涌入市场，企
业需要努力吸引和留住优秀的人才。领导者必须适应
人才的不同需求。例如，根据普华永道的一份报告
（普华永道，2011），千禧一代已经占到全球劳动力的
50%，他们对工作有着非常不同的期待和态度。

这些大趋势发生在新的时代背景之中，现在我们都在这
一背景中工作。为了有效地应对这些趋势，德勤提出了包容
的个人和领导必须具备的六种关键特质。

（1）**协作**。这包括赋予他人权力的技能，允许别人的声
音被听到，以及创建一个高效团队的能力。

（2）**跨文化的能力**。这主要是指对其他文化和民族特点
的了解程度以及个人的适应水平。

（3）**好奇心**。这有关个人思想开放的程度、采纳不同观
点的能力和应对不确定性的能力。

（4）**认知（意识）**。这是一个人对自身偏见的自我意识程
度，他控制和调节情绪的能力，以及他在与他人打

交道时的公平程度。

（5）**勇气**。这是一个人表现出来的谦卑和勇敢。有勇气挑战那些根深蒂固的负面思维，并在看到歧视现象时大胆指出，我们认为这是一个特别重要的特征。如果你容忍偶尔流露出的歧视，那么它就会成为一种公认的做事方式；如果作为一个领导者，你不敢指出并质疑各种歧视现象，那么其他人就很可能也不会这么做。

（6）**承诺**。坚定地推进多样性的进程——这并不容易——并且在这个过程中始终如一地坚信这是正确的事情。

---

**反思**

　　你如何评估自己的以上六种特质？如何在每个特质上有所改进？使用表 4-2 记下你给自己打的分，1 代表最低分，5 代表最高分。记下关于你如何改进的初步想法。

表 4-2　特质评估表

| 特质 | 自我评定 | 关于如何改进的记录 |
|---|---|---|
| 协作 | | |
| 跨文化的能力 | | |
| 好奇心 | | |
| 认知（意识） | | |
| 勇气 | | |
| 承诺 | | |

　　一旦你完成了对自己的评估并记下了相应的想法，你可能会开始考虑当前情况下对自己而言最重要的提升领域是什么，以及如何开始采取具体行动进行改进。

　　最后，亨特（Hunt）等人的报告《至关重要的多样性》告诉我们，在多样性方面排名占前四分之一的公司在财务收入上的表现优于排名在后四分之一的公司。它们吸引并留住了顶尖人才，还有更优质的客户资源。

　　除了从性别、种族、年龄、性取向等角度来定义多样性，我们还可以从认知的角度来看待多样性。认知多样性被定义为观点或信息处理方式的差异。它不是由诸如性别、种族或年龄等因素预测的。

　　我们的同事艾莉森·雷诺兹（Alison Reynolds）和戴夫·刘易斯（Dave Lewis）的研究发现，面对新的、不确定的和复杂的情况时，高度的认知多样性可以加速学习进程、提升学习表现。所以我们的经验是，在寻求其他各式各样的多样性时，我们同样要追求认知的多样性。

## 你能做什么

　　这里有一些如何在团队中增强多样性和包容性的建议。

- 重点应该是为团队带来更多的多样性，并认识到团队中已存在的多样性。评估一下你的团队中现有的多样性水平。例如，女性占英国人口的一半以上，所以你可以考虑检查你的团队的性别平衡情况。

- 确保你完全包容了团队中的所有多样性意见。了解可能存在的任何偏见，努力地让每个人都能充分表达自己的意见。

- 考虑在组织中创建员工网络，以支持多样性发展。例如，咨询公司 Lane 4 有几个员工网络和论坛，人们可以在那里讨论、分享问题，提高对与多样性和包容性相关的各种问题的认知度，并进行自我教育。这些网络有：

  - Mind 4 ——一个为员工的心理健康提供支持的网络。
  - Black Lives Matter——一个为黑人和少数族裔员工服务的网络。
  - Thrive ——一个主要面向女性的网络（但对男性也开放）。

国际建筑公司梅斯拥有大量的员工网络，如"梅斯的女性员工网络""我们是梅斯的骄傲网络""梅斯父母网络""梅斯的种族多样性和包容性网络""梅斯赋能网络""梅斯军事网络"等。这些网络都在企业内部，当然也在它们的团队内部，创造了新的意识、提供了丰富的知识和及时的教育。所以，高层领导对这些网络的支持和鼓励是至关重要的。

- **检查你的招聘实践活动。**想想你的招聘广告是怎么写的？摆在什么位置？职位描述是否可以更包容一些？你能主动招募弱势群体吗？

- **有明确的行为准则。**确保这些准则都得到尊重。

- **杜绝任何歧视性言行。**不允许出现歧视性言论——坚持让团队成员的多样性得到尊重。这是所有团队成员，而不仅仅是团队老板的责任。最近，板球运动员阿齐姆·拉菲克的案例说明，如果我们允许种族主义文化的苗头存在，会发生什么。拉菲克对约克郡板球俱乐部提起了法律申诉，声称受到了赤裸裸的种族歧视和骚扰。这位 29 岁的球员曾在 2008~2018 年两次为约克郡队效力，他还声称，由于他致力于解决俱乐部的种族主义问题而受到伤害。一些被拉菲克指责持有种族主义的球员说，那些只是无恶意的"玩笑"。但很明显，告诉别人从哪里来就滚回哪里去，或者把他们称为"你们这种人"，并不是玩笑，这是纯粹的种族主义，对拉菲克造成了极其糟糕的影响。这种语言需要从球队文化中剔除，责任不仅在高层管理人员，还在每一位球员。面对这种行为时不要在团队中忍气吞声，而是要大声说出来，让大家知道这是不可接受的。当然这需要勇气，但如果一些团队成员因为种族、肤色、性别或性取向而受到骚扰，成为受害者，你如何能拥有一支高效的团队呢？

在一次采访中，拉菲克说："我希望看到孩子们在互相接受和彼此尊重的文化中开始他们的板球之旅，在这趟旅途中，人们会根据他们的才能而不是文化和身份背景来评判他们。我希望这次调查能给俱乐部和这项运动带来有意义的改变。"

"行动"之前先"了解"。这意味着花时间去了解正在发生的事情。在你行动之前，先了解人们的问题和他们所关心的问题。要结合实际情况行动，而不是纸上谈兵。

最近，一份关于英国央行做法的内部报告，说明了在提高劳动力的多样性、平等性和包容性方面采取有效行动的重要性。报告指出，与白人同事相比，有少数族裔背景的员工获得晋升的可能性更小，收入更低，而且更有可能觉得自己受到了不公平对待。该报告的建议之一是，应该通过浮动高级管理人员的薪酬来督促他们实现包容性的目标。该银行行长（相当于首席执行官）表示，建立一个真正多元化和包容性的银行是该组织的"关键任务"。我们想知道还有多少首席执行官会有相同的感觉。

# 第五章
# 在虚拟团队
# 中工作

"我们想给员工选择自己喜欢的工作地点的自由，我们想让他们确信，无论是在办公桌前还是在厨房里，他们都有动力和专业能力来出色地完成工作。那些尽职的员工从来没有在办公室外的地方工作过，也永远不会。"

——理查德·布兰森（Richard Branson）

# 引言

在新冠疫情期间写这本书，让我们对管理虚拟团队和组织虚拟会议有了更深刻的认识。我们在书中所写的关于团队合作的基础知识仍然适用于虚拟工作场景，但我们认为如果你通过远程会议工作，你对这些知识的应用需要更加用心——这就像是某种基础知识的加强版，因为远程工作时，事情会变得更困难。例如，如果你在面对面的会议中很难理解某件事，你可以在会议结束时请一位值得信赖的同事帮助你理解；但在远程工作时，这种非正式的交流就没那么容易了。

## 远程办公的一些良好实践

采用虚拟会议显然有其优点和缺点，但我们认为，最重要的是在团队远程工作时坚持采用一些良好举措。这些做法可以被概述为：

**创造一种心理安全感**。我们已经在第三章中提到过这一点，但我们觉得远程工作时，团队拥有强烈的心理安全感这一点变得更加重要。

**注重人际关系和情感联系**。当会议只关注工作技术和实用价值时，可能会损害参会者的情绪状态和人际关系。

**允许人们建立联系**。在办公室工作时，我们会在饮水机、咖啡机旁或餐厅里碰到一些同事，大家可以通过交换彼此的故事和想法来加强联系。我们可能会寻求一些非正式的帮助，或者就我们面临的棘手问题征求其他同事的意见。在线上工作时，我们也可以通过不同的虚拟方式做到这一点。我们可以创建虚拟的茶话会或聚餐，我们知道的一家公司在疫情期间要求参会的员工在线上展示他们的办公地点，他们还展示了虚拟的才艺表演，把团队成员聚在一起快乐玩耍。你可以要求你的同事给团队展示他们各自的工作场所，这样每个人都可以更直观地感受到对方的工作环境。

或者更简单一点，提前 20 分钟左右开会，这样人们就可以在正式会议之前闲聊一会儿。

**闲聊几句**。在直接进入正题之前，花几分钟听听参会的每个人的意见是十分重要的——让每个人都发声，而不仅仅是那些外向的人。听取每个人的意见，了解他们目前在想什么，以及他们的感受是什么。我们看到的太多的会议缺乏人情味，没有考虑到人们的感受和情绪。我们都是社会性动物，需要在虚拟环境中保持强烈的联结。

**制定合约和章程**。我们认为，明确的合约在虚拟会议中尤为重要，因为合约是关于我们为什么要聚在一起开会、目的是什么的文件。此外，为虚拟会议制定一些明确的条例和准则也是个好主意，这样大家就什么可以做、什么不可以做能达成一致。这可能包括务必开启摄像头、禁止同时处理多项任务、规范使用聊天框和各种图标等。

**在虚拟会议中要时刻意识到自己是否专注。**我们之前说过，在虚拟空间中一切都会被放大，所以在会议中保持专注很重要。因此，当你在开虚拟会议时，不要试图同时处理多项任务。人们会注意到你没有全身心投入。

**建立伙伴机制。**如果你有大型的虚拟活动，创建一个伙伴机制能将两个与会者联系在一起，这样他们就可以在一个更亲密、更安全的分组讨论室里互相支持和鼓励，共同探讨正在发生的事务进程。

**确保每个人都理解技术方面的内容。**这是一个棘手的难题，因为很明显，许多团队成员都没能迅速掌握视频会议软件 Zoom、Teams 或你的团队正在使用的任何其他平台的技术。不是每个人都能理解 IT 部门发的电子邮件中的说明，所以要确保你为参加虚拟会议的每个人提供帮助。这包括帮助他们寻找一个安静的空间，教他们使用耳机和调试音质等基本功能，以及使用聊天、表情符号、举手和小组讨论室等附加功能。

然而，与虚拟工作相关的一些缺点也会逐渐显现出来。它们包括：

- 同事们缺乏非正式的社交。
- 团队在培养"团队"精神和凝聚力方面面临挑战。
- 同事们很少有机会自发地开会和交谈，比如像线下工作时在咖啡机旁闲聊的机会。
- 对一些团队成员在采用虚拟工作方式时面临的挑战认识不足，例如他们家中的工作空间不足；抑或年幼的孩子在周围跑来跑去等。
- 团队成员感到与社会脱节，这会影响整体健康和幸福指数。
- 个人必须自己准备办公家具（这些家具通常不符合人体工程学），以及在家工作所涉及的其他设备，这使得员工感到不满。

在决定虚拟工作的相关政策时，需要仔细考虑这些缺点。组织、团队和其领导必须考虑到所有利益相关者的需求和性格特点，然后再决定在公司业务中采用虚拟工作方式的具体政策。

## 十大秘诀

关于如何充分利用虚拟会议，我们研究虚拟工作近 15 年的同事吉斯兰·考拉特（Ghislaine Caulat）博士为我们提供了 10 个建议。

（1）尽量少用 PowerPoint 幻灯片。在培训课程中使用它
们作为重要提醒是可以的，但一般原则是要提前把
幻灯片和一些具体问题发给参会成员，然后利用开
会时间来确保大家对相关议题的理解、进一步阐明
问题和做出决策。

（2）在不提出任何问题或没有他人参与讨论的情况下，
发言不要超过 4 分钟。

（3）使用同步会议记录，这样每个人都能看到已经达成
一致的工作内容。这个技巧可以增进团队成员之间
的理解、提高他们对工作的投入度。

（4）忘记电话会议礼仪。例如，人们在发言时不必说自
己的名字，也不必把自己调成静音状态（除非背景
很吵），巧妙地打断别人也是可以的。这听起来有点
违反直觉，但它增加了团队的自发性。允许人们畅
所欲言，如果他们需要休息的话，可以要求暂时休
会。人们无论如何都不会全程聚精会神地收听，所
以你不妨让大家花点时间去喝杯水、上个厕所或站
起来走一走。我们见过太多在会议上滔滔不绝说个
不停的团队领导，他们可能有一个铁打的膀胱，不
需要补充水分，但不是每个人都能做到！

（5）不要直接进入正式议程。花点时间建立人际联系，
让人们分享他们周边最近发生了什么事，他们的感
受如何，以及他们认为会议中的哪些部分对自己最

重要。这也给了每位成员被听到的机会，所以真的很重要。如果人们不在会议刚开始时发言，那么在会议后期让他们发言就会更加困难。如果你不花时间建立人际联系，就会有某些人的意见未被倾听的情况出现。显然，这对我们建设高效团队是极为不利的。

（6）不要害怕沉默。沉默在虚拟会议中往往会被过度放大，因此在面对面的会议中被视为安静思考的时刻，在虚拟会议中却变得有些尴尬。但不要急于填补它，你可以通过"我注意到我们在过去一分钟左右一直在沉默，请帮助我理解这沉默在告诉我们什么"这样的表达来使沉默合理化。用吉斯兰的话说，"是感受它而非填补它"。与此相关的是如何对待内向的和外向的团队成员。不要问他们"你们怎么看"，这是一个错误的问法，因为外向的人会立即告诉你他们的想法。你可以这样说："我们中的一些人在会议上一直在积极发表意见，我想请他们暂时安静一会儿，现在请相对安静的人分享一下他们的看法好吗？"

（7）注意健康因素：确保人们在安静的情况下打进电话。使用覆耳式耳机。不要把虚拟会议和面对面会议混在一起；避免以总部为中心，这是指位于组织总部的人经常会根据自己的情况设定会议的时间。但是，如果你们在召开的是虚拟会议，人们会从世界各地打来电话，那么总部的人有时也不得不早起或熬夜。创建一个日程表，通过明确的规定来使每个人都明晰自己的参会时间。

（8）不要进行连续的虚拟会议。例如，你有一个上午9点~10点的电话会议，然后你又安排了一个上午10点开始的会议。养成习惯将会议时间安排在上一个会议结束后的45或50分钟之后。这样可以在会议之间留出时间来计划、反思、准备下一个电话会议，并休息一下。

（9）想想在虚拟会议中需要的特定角色。首先你需要有个小组领导，也就是召集会议的人；其次，你需要的角色是会议促进者，他的工作是做会议记录并关注会议的动态；最后一个重要角色可能是守护者——一个专注于时间管理的人，如果参会人员的联系中断了，他可以帮助人们重新联系。

（10）最后，想想你在虚拟会议中的影响力和存在感。你是如何展示自己的？你的声音听起来如何？别人是怎样听你说话的？想想你带来的能量和你的姿态，确保手边有你需要的一切，比如水、咖啡、一些食物等。

# 第六章
# 在团队中发挥影响力

"有效的领导力意味着用这样的方式影响他人，使他们有动力为实现团队目标做出贡献。"

——哈斯拉姆、赖歇尔和普拉托（Haslam, Reicher and Platow，2011）

# 引言

对我们来说，影响他人是领导一个团队的重要部分，这实际上对于团队中的任何人都很重要。我们相信，领导他人的过程实际上就是对他人施加影响的过程。最近的研究证实了这一点，并进一步确认了领导团队的目的是为了实现影响力，而不是为了确保团队的服从性。迈克和菲奥娜、合益集团以及其他人所做的研究得出的结论是，在未来，领导者必须通过影响力而非权威来进行管理。作为团队领导或团队成员，你需要能够运用伦理道德和其他有效的方式影响他人。你会发现有很多需要施加影响的情况，无论是影响整个团队、个别团队成员，还是代表你的团队影响其他人和团队。

# 我们所说的影响是什么意思

弄清楚什么是影响，什么不是影响，是至关重要的。我们经常被问到以下三个词的区别是什么：

- 影响。
- 说服。
- 令人信服。

这几个词经常被互换使用，但它们之间有一些差别。说服总是涉及影响，但影响并不总是包含说服。也就是说，你可以通过说服以外的其他方式来影响别人，例如，你可以通过说话、着装或姿态在无意识中影响别人。

在表 6-1 中，我们总结了影响、说服和令人信服的含义。我们还增加了"操纵"这个词，它指的是消极方面的影响，也是人们经常问到的另一个词。

表 6-1　不同"影响"的定义

|  | 我们的定义 |
| --- | --- |
| 影响 | 影响意味着改变他人的态度 |
| 说服 | 说服意味着强烈敦促某人 |
| 令人信服 | 令人信服意味着被影响者完全站在影响者的角度考虑问题 |
| 操纵 | 操纵意味着不正当的影响 |

图 6-1 阐释了我们对影响的定义。

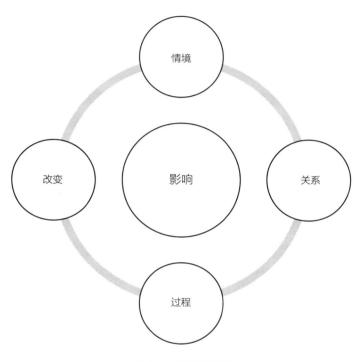

图 6-1　影响的过程

影响的过程是情境性的，即你如何影响他人取决于你所处的环境；它是关系性的，因为你总要影响他人，因此需要有良好的情绪和情商；它在很多时候是一个过程，而不是一次性事件，这意味着影响的过程可能跨越了一段较长的时间，因此你可以逐渐地施加影响，而不是试图立即说服他人；最后，我们认为，影响是关于改变的。这意味着如果你在某种程度上改变

了他人的态度，那么你就成功地影响了对方。当你在没有官方
权威介入的情况下影响他人时，你有可能在改变对方的立场方
面取得一些进展，而不能期望百分之百地说服对方。

## 人们喜欢如何被影响

研究人们喜欢如何被影响是一件引人深思的事情。几年
来，我们对数百名经理进行了研究，了解他们喜欢的被影响
的方式，以及影响他们的因素是什么。研究结果很有趣，以
下列出了影响要素的主要类别。

- 参与。经理们说，为了有效地受到影响，他们需要参与。
  他们希望自己被倾听，希望自己的意见和观点被采纳。
- 自信。受众都希望影响者在阐述相关话题时表现出自
  信和积极的样子，以及有活力和信念。
- 赞赏。人们希望自己的贡献能得到赞赏。这可以通过
  建立并发展以互相喜欢为基础的、和谐互利的关系来
  获得。与他人建立积极的关系意味着他们更有可能听
  取你的意见。
- 可信度。经理们告诉我们，影响者需要建立一定的可
  信度。这可以通过拥有良好的声誉，当然还有渊博的
  知识和优良的记录来实现。
- 证据。用来支撑案例的合理的论据、逻辑和数据是必

要的。如果可能的话，影响者应该提供相关的研究和
数据来支撑他们的论点。

- 明确性。经理们告诉我们，他们喜欢清晰的表达，并
希望影响者能够言简意赅。他们讨厌"华而不实"和
拐弯抹角。

- 热情。人们期望一个影响者对自己的想法表现出一定
程度的热情和能量，这反过来又会反映出他们的自我
信念和自信心。

想一想上述这些因素，并评估自己在影响他人时是否会
用到这些因素。用表 6-2 给自己打分（1~10），1 分代表我不
使用这一因素，10 分代表我总是使用这一因素。你还应该记
录下你如何使用这些因素，以及怎样才能做到更多地使用它
们。对于那些你不使用的因素，想一想你不使用它们的原因
以及怎样才能够使用它们。

## 反思

表6-2　影响因素的练习表

| 类别 | 得分 | 笔记 |
| --- | --- | --- |
| 参与 | | |
| 自信 | | |
| 赞赏 | | |
| 可信度 | | |

|  |  | （续） |
| --- | --- | --- |
| 类别 | 得分 | 笔记 |
| 证据 |  |  |
| 明确性 |  |  |
| 热情 |  |  |

至于那些让受访经理们感到厌烦，并导致影响力差的因素，他们找到了五个主要原因：

- 被居高临下地对待：经理们认为，居高临下的影响者让他们厌烦。

- 被置于压力之下：人们觉得被置于压力之下做某事或使用"强制推销"策略会适得其反。

- 使用权威：只使用权威或职位权力去施加影响被认为是无效的。人们认为，如果影响者不能以充分的理由说服他人，而不得不利用自身权威，那么他们就一定会失败。人们可能不得不服从，但却不会被说服。

- 先征求你的意见，再完全忽视它们：这是倒人胃口的。这种情况发生在当别人似乎在询问你的想法，但随后却完全无视它们时。

- 感到被操纵：这是指经理们感觉他们被欺骗和误导。他们最初可能会受到影响，但当他们意识到自己被误导时，任何影响都清除了。

以上这些想法来自于在企业或组织的各个部门工作过的、有过不同角色和职业的经理和领导者。总之，在我们看来，当受到影响时，人们想要三个关键的东西——**参与、明确性和真实性**。

## 正式权威和非正式权威的使用

为了在团队中完成工作，团队领导和团队成员有两种选择。一种是使用正式权威带来的影响；另一种是使用非正式权威，我们称之为"不使用权威的影响"。你也可以这样看待这个问题——问问你自己，你是想要服从还是认可？

如果人们不知道你想要什么，他们就不会做你想要他们去做的事。所以，至少要明确地传达出你想要什么。有两种方法可以做到这一点。一种是告诉或命令人们做你想要他们做的事情。这或许在某些时候对某些组织中的某些人来说是有效的，但这不是一种有效的做事方式。而且，即使你使用这种方法来让别人接受你的想法，这一方法也有有技巧和无技巧之分（稍后会详细介绍）。

那么，在不去命令别人的情况下，如何把事情做好呢？你首先要得到他们的认可，才能让他们做一些他们原本不打算做的事情。换句话说，你要试图影响他们，让他们站在你的角度看问题。这时你就是在不使用权威的情况下施加影响。

我们支持更具参与性的影响方式而不是"命令"或"告知"的更深一层的原因是，这种方式可以建立可持续的团队领导力。当你命令某人做某事时，你是在建立一种必须不断发出命令的机制；如果你过于依赖手中的权力，就会有让团队成员只听命行事的风险。你可能会获得服从的团队，但你将无法获得团队的认可。而只有获得团队成员们的认可，他们才会有更多的参与感，感觉自己被赏识，从而表现得更好。

在团队环境中使用职位权力既没有效果也没有效率。控制最终会导致依赖，但通过使用更有效的影响方法，你会发展出对他人的影响力。这意味着影响者也必须愿意接受影响。如果你只想成为影响别人的人，那么你就只是换了一种身份居高临下的发话罢了！实际上，团队领导的大部分工作是与同事、伙伴和老板讨论事情，而不仅仅是向团队成员传达命令。在这种情况下，谈判技巧或影响技巧变得至关重要，因为只是使用手头权力的做事方法不再有效果，也缺乏效率。在作为团队队长和团队教练工作时，奈杰尔认识到有效且巧妙地施加影响是高超领导力的重要体现。但由于对他人施加影响是一种至关重要的能力，我们应确信每名团队成员都需要培养有效影响利益相关者的技能。

**反思**

在我们进一步研究四种影响别人的方法之前，你可能会发现，想一想那些你需要经常影响的人——你的团队成员、同事、老板、客户等——是很有用的。

我们发现使用思维导图收集和记录每个人的信息是非常有效的，这将帮助你确定如何更好地影响他们。在大多数情况下，我们针对不同的人使用的方法应该因人而异。正因如此，对他人施加影响实际上是一个复杂且耗时的过程。然而，你准备得越充分，效率就会越高。所以，从长远来看，了解哪些方法对你想要影响的人有效将会带来超乎想象的效果。

现在请专注地思考一个特定的有关影响力的问题，并在准备好的白纸上画出类似于图 6-2 所示的思维导图。

首先，把问题写在纸的中央。

然后，按类别（老板、同事、团队、客户等）或按名字写下关键利益相关者的情况。

最后，根据重要性进行优先排序，使用代码，例如 A，B，C……

现在你就完成了基本的思维导图，你可以继续完成下面所建议的步骤。

前面显示的是一个关于思维导图的例子，它是迈克在领导阿什里奇体验式学习团队时创建的。

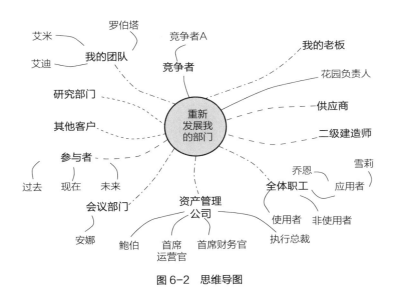

图 6-2　思维导图

一旦你有了一幅显示你在日常工作中要影响到的所有人的基本思维导图，你就可以确定什么是最关键的因素，将它标注为有用信息，并据此调整你施加影响的方法，比如：

- 对每个员工来说，最激励他和最打击他的因素分别是什么？
- 这个人本身就是一个关键的影响者吗？如果是的话，这意味着什么？
- 他是你喜欢的人还是讨厌的人？为什么？

- 他们合作起来容易还是困难？是什么因素造成的？
- 你和这个人的关系怎么样？用 1~10 分（由差到好）来评估每段关系，并确定如何改善它们。
- 他们更喜欢细节还是更注重策略？
- 你们有什么共同之处？

然后，你可以使用这些信息来改变你的影响战术和策略。在理想情况下，你的影响策略会根据你需要影响的人的不同而有差异。在上面的例子中，当迈克想要重新发展阿什里奇体验式学习团队时，他需要影响几个关键的利益相关者。通过确定他们的不同需求和兴趣领域，迈克能够更有效地强化他的影响力。比如，影响 CEO 和 CFO 的方式是不同的。首席财务官需要的细节和成本计算数据是迈克最初没有想到的。创建利益相关者思维导图使迈克能够更深入地思考如何为每个人制定一个有效的方案。

现在我们将继续探索四种施加影响的方法，这将帮助你思考更多的可以采用的方法和策略。

# 四种影响方法

我们的研究表明，人们主要使用四种方法来影响他人，如图 6-3 所示。它们分别是果断自信的、参与其中的、重逻辑的，和鼓舞人心的。

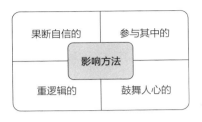

图 6-3　四种影响

在理想情况下，你将能够根据情况的需要熟练地使用这些方法。不过在实践中，我们发现大多数人只偏爱其中的一种或两种方法，并且很少使用某一种特定方法。例如：管理者可能更喜欢重逻辑的和参与其中的方法，必要时能够使用果断自信的方法，而鼓舞人心的方法是他们最不想使用的方法。

- 果断自信的影响者——你以一种直接而自信的方式施加影响，清楚地表达你想要的东西。
- 重逻辑的影响者——你通过运用推理和证据来陈述你的观点。
- 参与其中的影响者——你通过与他人的互动和交往来影响他人。
- 鼓舞人心的影响者——你通过激发热情、激情和带动他人的情感来影响他人。

在表 6-3 中，我们总结了与每种方法相关的一些关键词。

表6-3 关键词

| 果断自信的 | 参与其中的 | 重逻辑的 | 鼓舞人心的 |
|---|---|---|---|
| 强有力的 | 包含 | 事实 | 想象 |
| 有力量的 | 倾听 | 分析 | 叙述 |
| 压力 | 赞赏 | 细节 | 隐喻 |
| 自信 | 询问 | 证据 | 象征 |
| 快节奏的 | 以他人的点子为基础 | 理由 | 能量 |
| 执意的 | 口头表达上爱使用"是的……" | 证明 | 意象 |
| 专断的 | 有魅力 | 缺乏情感 | 未来导向 |

因此，了解自己喜爱的影响方法以及了解团队成员的偏好是很重要的。这样你就能够选择对你的团队成员最有效的影响方法。初步了解自己喜欢的风格的一个简单方法是使用上面的表格，从每一行中选择最能描述你的影响方式的一个单词——被选择最多单词的类别可能就是你喜欢的风格。通过确定你喜欢的风格，你也可以确定你能进一步发挥这一风格的领域，以获得更大的灵活性和有效性。真正有技巧的影响者能够评估具体的形势，并采用最适合当下形势和相关人员的方法。这可能涉及使用一系列的方法，从启发式到参与式再到重逻辑的方法，种种方法在一次会话中都能够被用到。奈杰尔说："作为一名教练，我发现我的球员总是会对多种影响方法的综合使用情况反馈良好。"

# 工具与技术

　　有很多有效的提升影响力的工具和技术可供团队领导使用。迈克和菲奥娜在他们的书《有效赋能》中对之进行了广泛的讨论。在本章中，我们将集中讨论一些非常有效的工具。图 6-4 显示了我们将要讨论的内容。

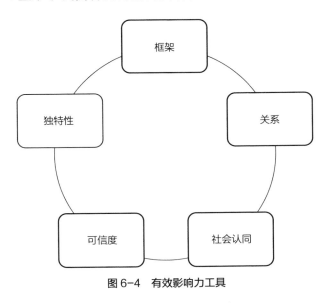

图6-4　有效影响力工具

　　**框架**。框架是使我们能够理解现实的心理结构，有时还能创造出我们误以为是现实的东西。框架是关于形势的一种假设或信念。例如，影响者 A 可能认为良好的团队合作是让团队成员同意她的想法。但对影响者 B 来说，好的团队合作可能是让团队中的每个人都有共同的愿景和目标。这里的每个人都建立了自己的团队合作框架，显然这将导致每个人不同的态度和行为。

所以，框架关乎我们如何处理与他人的互动，关乎我们在互动中如何与他人分享观点。因此，了解你和你的同事如何为一个情境制定框架，显然是很重要的。你还需要知道如何有效地重构框架，以便更好地施加影响。

例如，假设你的团队中有人表现不佳，你开始认为他们是"问题员工"。这样的话你实际上已经在把他们看作是问题了。而这里的危险在于，如果你持续把他们看作是问题，那就会影响你对待他们的方式。令人担忧的是，你对待他们的方式只会加剧这种情况，因为你更有可能对他们发脾气，忽视他们工作中的积极方面。你可以尝试通过观察这个人在什么时候表现没那么差，以及他在哪些方面做得很好，来重新给你的看法制定框架。这样你就更有可能对一些事情表示赞赏，并开始以一种更冷静和客观的方式对他们的糟糕表现展开提问。以这种方式重构你的框架会让你的同事以一种更有建设性的方式再次集中精力，做出努力。

重构框架的方法有很多。最简单和明显的重构例子是"半杯满还是半杯空"的类比。把杯子看作半空，你会关注你没有的东西；而把杯子看作半满，你会关注你拥有的东西。

当你重新构建你的框架时，你是在试图从不同的、更有用的角度来看待它。例如，在我们对他人施加影响力的时候，我们通常会从自己的角度来构建框架。而尝试从受影响者的角度来构建框架可能会带来更大的影响力。这就是我们所说的"转换"视角——"那么这么做对他们有什么好处呢？"

你可以通过与同事一起使用这种框架技术来帮助他们学习和发展影响力；除了影响他人，框架技术也可以用来影响你自己。如果你的同事做某件事失败了，他们可能会变得沮丧并失去活力，因为失败通常被认为是一件应当避免的坏事。但你可以通过问一些有效的问题来帮助他们将失败转化为一种学习经验，比如："你从失败中学到了什么？""你对当时的情况的设想是什么？""将来你能采取哪些不同的做法？"

> **重构的例子**
>
> 　　美国发明家托马斯·爱迪生有句名言："每一次错误的尝试都是向前迈进了一步。我没有失败一万次，我只是成功地找到了一万种行不通的方法。"这种态度帮助他发明了留声机、第一个商用电灯泡和摄像机等事物。

**关系**。关系关乎我们对他人的同情、喜欢和信任。如果你的职位没有高于其他人，而且他们也不喜欢或不信任你，那么你将很难影响他们。然而，如果你和他们建立了积极的关系和高度的信任，那么你就更有可能影响到他们。当然，这意味着你需要从战略上考虑你的人际关系，包括团队内部和团队外部的关系。你可以列出你的同事名单，然后对你与每个人的关系质量进行评分，10 分代表优秀。这并不是说你需要有完美的 10 分的关系，但如果得分低于 5 分，你可能需要在建立或重建与同事关系方面更努力。

你可以做一些事情来改善人际关系，比如同情和欣赏他人，更多地关注他们做得好的地方，而非批评他人。研究表明，以下做法更有效：

- 多听少说。
- 多关注你的团队同事，而非自己。
- 多输出积极和赞赏的反馈，而非批评性言论。

人际关系也与情感有关，记住这点很重要——对某事的正确判断并不一定等同于你影响到了所有人。

**社会认同。** 我们是社会性物种，因此我们会受到他人所思所行的巨大影响，尤其是那些与我们相似之人或我们钦佩和尊敬之人对我们的影响更加深刻。因此，当你在对他人施加影响时，试着找出群体中最受欢迎或最受尊敬的人，从影响他们开始，这是很明智的做法。如果你先让他们参与进来，那么再影响其他人就会容易得多。

关于影响的社会证据的一个例子是我们经常看到的街头艺人或街头表演者请求打赏时的行为：他们总是会先放一些钱在帽子里作为"引子"，或者确保一个同伴或一个善良的观众会先往帽子里扔钱（最好是纸币，而不是硬币）。

使用相关的例子去影响团队。你可能想在某个团队中采用某种特定的工作方式——如果团队喜欢运动，你就可以用新西兰全黑橄榄球队作为一个成功地应用了这种工作方式的例子。然而，要注意确保你使用的社会证据确实能让你想影响的人产生共鸣。

**可信度**。如果你不被视为一个可信的人，那么在不使用职位权威的情况下，你将很难施加影响。因此，考虑你的可信度和声誉，或者你的同事如何看待你就很重要。如果你被认为在某一领域拥有丰富的专业知识和很高的信誉，那么你就更容易有效地施加影响。那么问题来了，你如何提升自己的信誉和权威？这取决于与你共事的团队成员的个性，以及他们认为可信的因素是什么。对于一些快节奏的销售团队，你的信誉取决于你的销售能力；对于其他团队来说，它可能取决于你的经验和专业知识；而对于其他人来说，则取决于你的共情能力和人际关系。

---

**反思**

你如何描述你的信誉？你的信誉从何而来？考虑一下你的形象和信誉，确保它们是积极正面的，这一点很重要。

---

**独特性**。将一种产品或服务，或者一个人与另一个人区别开的原因是其自身的与众不同或独特魅力。虽然我们意识到每个人都是独一无二的，但事实是，总有些人比其他人更容易从人群中脱颖而出。

产品或服务的最大风险是，它们可能被视为一种商品，因此被认为价值较低。那么，一个组织如何使其与众不同？如果街道上有十家房地产公司，你如何确定该选择哪一家？答案是将它们差异化。哪家是最友好的？哪家是最高效的？哪家的服务最好？哪家是可以信任的？

虽然人类永远不能被视为商品，但在影响他人时会有种危险，即我们如果没有被视为足够独特，我们的影响力就会降低。因此，问题就变成了："是什么让你与众不同？""你的特点是什么？"让自己更独特的方法之一是讲故事。人类天生就会讲故事，故事比纯粹的逻辑更能引起我们的共鸣，所以要努力创造一个故事，而不是仅仅提供事实。马克·特纳（Mark Turner）教授在他的《文学心灵》（*The Literary Mind*）一书中写道，我们的大部分经验、知识和思维都是以故事的形式体现的。

根据加拿大神经学家唐纳德·卡恩（Donald Calne）的观点，理性和情感的本质区别在于理性导致结论，而情感导致行动。这意味着你需要在你的影响力中引入情感因素。讲故事而不仅仅是分享事实和数据，是一种将情感带入你的影响过程的有效方式。

最后，影响是一个双向的过程。作为一个有影响力的人，你需要影响别人，但也要愿意被影响。有效影响意味着以熟练、适当、灵活和合理的方式使用我们上文所述的工具、原则和技术。

# 第七章
# 了解自身和
# 他人

"全情投入工作的员工具有主人翁意识，能够增加绩效，提升创新能力，推动团队前进。"

——盖洛普全球报告，2017

# 引言

一个非常有趣和值得研究的主题是：在团队和组织里，全情投入工作的员工到底有多重要？答案自然是非常重要，因为大多数重要的组织都会定期开展工作投入度调查，以量化员工对工作的投入程度。本章将探讨保证团队成员高投入度的具体方法。

## 为什么投入度对团队很重要

大量的研究已经证明员工的高投入度为团队工作带来的显著优势，其中的一些发现表明高投入度能带来以下好处：

- 为团队和组织带来更好的收入回报、更强的生产力、盈利能力及安全保障。
- 有利于团队成员的身心健康。

- 降低团队缺勤率。
- 降低职员流失率及离职意愿。
- 提高成员对团队的忠诚度。

显而易见，团队都渴望拥有上述好处，那团队和团队领导要如何确保团队成员的高投入度呢？

## 什么是投入度

关于投入度是什么，人们还没有达成明确的共识。大卫·麦克劳德（David MacLeod）认为投入度关乎"如何创造一个让员工能够主动展示更多能力和潜力的环境"。他和妮塔·克拉克（Nita Clarke）于 2008 年受英国商务大臣委托，共同完成了一项名为"为成功而投入"的报告，该报告也被称为"麦克劳德报告"。

该报告从一些视角对投入度进行了定义，其中最具实际意义的视角是从描述一些特定的行为出发，可以称之为人力资源视角，该视角定义下的投入包括以下四种行为。

- **忠于团队**——在一定程度上希望留在团队。该行为表明短期内你不会离开团队，愿意留在团队，没有准备寻找下一个团队或下一家公司。
- **愿意付出额外努力**——你的努力程度超出别人的预

期。如果仅完成工作上的分内之事或是章程规定的员工必须完成之事，你可称得上是一名相当不错的团队成员，但你对团队的投入度并不高。是否愿意付出额外努力被视作投入度调查的主要问题之一。例如，一家跨国企业的调查显示，在某特定国家的员工调查中有近 90% 的员工都表示愿意付出额外努力；但在另一国的员工调查中仅有 60% 的员工表示愿意付出额外努力。该公司能够根据这些数据探索他们在第一个国家做得好的地方，从中汲取经验教训，并思考如何将这些经验教训应用于第二个国家的员工管理中。他们或许还会发现该行为与员工留任率和盈利能力等其他指标之间的相关性。

- **完成其他角色的职责**——团队成员不局限于团队分配的角色，也会履行别的职责，以更好地服务客户和帮助同事。如果在紧急情况下，团队成员只会完成自己的职责，拒绝完成别的岗位任务，这往往体现了团队的低投入度。

- **自愿自发付出努力**——这是使团队有效运作的重点。换言之，自愿自发努力就是超出预期的努力。这些努力或许并不能让你获得额外的奖励，但能够帮助团队或客户更好地发展。

参考上述四种行为，你可以使用表 7–1 对自己进行评估并进行备注。

**测试表**

表 7-1　分析我的团队投入度

| 行为 | 满分 5 分<br>（低 – 高，1~5） | 备注 |
|---|---|---|
| 我是否忠于团队 | | |
| 我是否愿意付出额外努力 | | |
| 我是否愿意完成其他角色的职责 | | |
| 我是否愿意自发努力 | | |

你也可以利用表 7-1 来评估团队成员的投入度。

霍特国际商学院的艾米·阿姆斯特朗（Amy Armstrong）博士和她的同事对投入度提出了一个有趣且实用的定义。她把投入度定义为：一种能够促使人们在工作中拿出最好状态的团队氛围。他们的研究表明，根据投入程度的高低，可以将团队划分成四种不同类型（见图 7-1）。

这些类型为：

- 知足型（研究表明有 21% 的团队属于知足型）。
- 伪投入型（研究表明有 22% 的团队属于伪投入型）。
- 脱离型（研究表明有 32% 的团队属于脱离型）。
- 投入型（研究表明有 25% 的团队属于投入型）。

**知足型**
- 团队工作方式固定。
- 任职期长的成员拒绝改变。
- 上报问题，领导解决。
- 忽视成员的培养和发展。
- 不鼓励团队成员向上发展和迎接新挑战。
- 团队缺乏激情和活力。
- 部分成员躺平等退休。
- 大多数成员工作只为薪水。
- 对职责外的事情不感兴趣。
- 成员间关系不密切。
- 成员愿意在合同规定外的时间工作。
- 团队抱怨提出完成工作的新方法。
- 团队领导难以撤出和委派工作给他人。

**投入型**
- 齐心协力解决问题。
- 积极寻找解决方案。
- 在团队中需要迎接挑战，能够得到扩展。
- 团队多元化。
- 有值得学习的优秀榜样。
- 积极从失误中汲取经验教训。
- 成员认为自己有权利、有价值、有人支持。
- 成员关系紧密，互相支持。
- 超越预期。
- 氛围有趣。
- 尊重分歧和差异。
- 坚信共同信念，相信团队战无不胜。
- 有大局观，自我定位清晰。

**脱离型**
- 成员间拉帮结派，流言蜚语满天飞。
- 责备他人成为团队文化。
- 成员间缺乏信任。
- 成员间气氛紧张，摩擦不断。
- 团队领导不受尊重。
- 成员认为自己不受重视。
- 工作无趣（工作内容单调）。
- 领导过度控制团队，且只以身作则。
- 成员认为自己的声音无法被听到，没有影响力。
- 存在区别对待。
- 并非知悉所有的给定信息。
- 成员间不能坦诚相待。

**伪投入型**
- 团队不过是单独的个体碰巧在一起共事。
- 个人需求大于团队需要。
- 个人会又无反顾地帮助他人。
- 成员间相处不和睦。
- 反馈时，指责多过奖扬。
- 成员互相挑拨离间。
- 可以忍受低绩效。
- 工作任务多重，没有行正确以讨好经理。
- 成员言行正确以讨好经理。
- 比起关心成员，团队领导倾向于向高层献媚。

主动

被动

团队行为

积极

消极

Armstrong, Oliver&Wilkinson, 2018。

© Ashridge Executive Education, 2017。

图 7-1 四种类型

知足型团队的情况还不算坏——成员颇感满意，氛围积极向上，团队能够组建起来，不过他们拒绝改变。团队成员能够履行己任，但团队成员之间的关系未必密切，他们希望领导为团队的表现承担责任。虽然这样的团队投入度并不高，但颇有效率。奈杰尔提出，这样的团队在体育场上就是平庸的中游球队，没有降级的风险，也没有赢得比赛的野心。

伪投入是个非常有意思的概念。研究表明，有22%的团队都属于伪投入型。在公司或者组织面前，这些团队貌似投入度非常高。但进一步研究这些团队，便能发现许多团队的运转并不正常。伪投入型团队的氛围倾向于钩心斗角，成员间缺乏信任和凝聚力，都是"精致利己者"。他们非常积极主动，但仅限于满足自己的需求，例如拖延完成工作以充实上班时间。

或许成员可以投入工作，但是却无法像一个团队一样齐心协力。几乎没有证据表明这些成员们能够共同合作、相互支持。在伪投入型团队中，领导会积极给出反馈，但通常都是指责而非赞扬，而成员并不愿为他们的成果承担责任或面对问责，他们会迅速责怪领导以保住自己的工作岗位。只要能够取得不错的成果，伪投入型团队成员便能在一起愉快共事。但是如果该团队的业绩一直不太理想，那么成员会转头指责彼此，或指责他们的教练或领导，这样一来团队的表现只会越来越差，而最终的改变也不可避免。

在脱离型团队里，领导并不受人尊重，也不为团队成果承担责任。由于团队内部缺少信任、责备盛行，成员对工作缺乏热情，因此投入度很低，整个团队运行效率低下。这样的团队迟早会被追究责任，被迫做出改变或是彻底解散。如果橄榄球队的经理"失去更衣室控制"，即球员们不再尊敬他，也不再遵循他的指导，那么这支球队就变成了脱离型团队。

投入型团队是每个领导者和组织都希望建成的团队。在投入型团队里，成员们能够接受挑战并团结一致；他们重视其他成员的付出和投入，尊重领导，竭尽所能以达到目标。在竞技场上齐心协力地角逐奖牌的都是投入型团队，他们在不断提高业界标准，取得一次又一次的成功。

根据阿姆斯特朗博士的研究和她列出的四种类型团队的不同特征，我们设计了一份清单，以供读者自测和评估团队属于何种类型（见表7-2）。

在做具体测试时，请一次聚焦于一个团队，若清单所列特征和团队特征相符则标记一个"×"。对照完所有特征后，"×"最多的那一栏所对应的团队类型即受测团队的所属类型。确定团队所属类型后，便可以着手提高团队的投入度。

计算每一栏标记的"×"的数量，一栏最多出现8个"×"。显然，"×"最多的一栏代表了团队目前所属的类型。如

## 测试表

### 表7-2　团队投入度类型测评

| 栏 1 | | 栏 2 |
|---|---|---|
| 团队工作方式固定 | 团队有大局观 | |
| 成员间关系不密切 | 团队氛围有趣 | |
| 团队缺乏激情和活力 | 团队经常协同共事 | |
| 忽视成员的培养和发展 | 团队多元化 | |
| 成员只完成分内之事 | 成员得到赏识和赋权 | |
| 团队领导难以委派工作给他人 | 团队愿意付出额外努力 | |
| 不鼓励迎接挑战 | 在团队中需要迎接挑战，能够得到扩展 | |
| 强烈抵制做出改变 | 从失误中吸取经验教训 | |
| 总计 | 总计 | |

（续）

| 栏1 | | 栏3 | | 栏4 |
|---|---|---|---|---|
| 互相责备的团队文化盛行 | | 团队领导阿谀奉承 | | |
| 团队缺乏信任 | | 团队内毫无融洽协作的感觉 | | |
| 团队领导不受人尊重 | | 正面反馈多于负面反馈 | | |
| 成员间不坦诚相待 | | 成员言行正确以讨好领导 | | |
| 团队死气沉沉 | | 成员关系仅限于共同工作 | | |
| 成员得不到赏识 | | 成员间相互竞争 | | |
| 领导过度控制团队 | | 成员注重完成工作任务而非建立密切联系 | | |
| 成员拉帮结派，说三道四 | | 可以忍受低绩效 | | |
| 总计 | | 总计 | | |
| 栏1总计 | 栏2总计 | 栏3总计 | | 栏4总计 |

106

果某一栏仅有 1 个或 2 个"×"，则团队并不属于这一栏代表的
类型。做测试时不需要特别担心，除非在栏 2 标记的"×"很
少，因为团队需要被建成栏 2 代表的投入型团队（见表 7-3）。

表 7-3　栏目类型

| 栏 1 | 栏 2 | 栏 3 | 栏 4 |
|---|---|---|---|
| 知足型 | 投入型 | 脱离型 | 伪投入型 |

确定了团队所属类型后，就可以思考如何持续提升和培养
团队的投入度。对此，我们将在本章剩下部分给出一些建议。

要保持和不断提升团队的投入度，第一步可以将需要关
注的重要事项列成清单；第二步专注于团队合作中的三四个
特定领域，帮助所有成员投入到团队中来。

投入型当然是团队最理想的状态。但就现实情况而言，
形成投入型团队其实是一个大方向，需要团队持之以恒地努
力才能达成。关键是要防止自己的团队完全沦为知足型、伪
投入型或脱离型的团队。

# 三招提高投入度

在 90 多年的时间里，我们和上百个团队、数千名成员合
作过，我们定义投入度的视角也基于此。我们认为投入度大
部分来源于**目的**、**参与**和**欣赏**。

## 目的

越来越多的人认为，团队成员要全情投入工作，需要持有共同的目的和意义感。成员们会在能够明确工作目的和目标、预估工作成果的团队中全情投入。全情投入的成员认为，如果工作目的和个人目的一致，取得的工作成果能够使他们在个人层面上感到满足。我们认为目的非常重要，并将用一整个章节来详细探讨目的这个概念（详见第十章）。

## 参与

成员不参与团队却能全情投入工作，这几乎是不可能的。因此，作为团队里的领导者，要确保所有成员都成为团队必不可少的一分子。威尔·舒茨（Will Schutz）为美国海军研究实验室所做的研究表明，尽管人们对归属感的需求有多少之分，但对归属感和参与感的需要是人类最基本的心理需求。所以，你要如何才能让成员都参与进来并成为团队的一分子呢？你了解成员们需要多少归属感，又想要多强烈的参与感吗？

团队领导者很容易养成给出方向和意见的习惯，不过想要让团队成员参与进来，也很简单：只要在说出自己的想法前询问成员的想法即可。美国作家史蒂芬·柯维说过，高效人士的习惯之一就是"先努力理解别人，再寻求让别人了解自己"。不管你在团队中的角色是领导者还是成员，"先努力理解别人，再寻求让别人了解自己"都是一条适用于所有人的有益准则。

我们有两条建议：一是养成在表达个人立场前先询问他人的习惯；二是避免说出"没错……但是"这样的句子。我们在此讨论的是在团队成员提出建议后应该说什么，而"没错……但是"这样的句子表达的是你并不认同他们的建议。我们的建议是，你可以先想想自己同意他们陈述的哪一部分，然后这么说，例如，"我赞同你提到的……（此处可以插入积极的论述），而且，我们也可以……（此处插入自己的想法）"。这样一来，你没有否定团队成员的想法，而是试图去理解他们的所思所想，并在此基础上再提出自己的看法，这样就成功地让团队成员参与到思考环节中来，并且让他们成为该环节中重要的一部分。

## 欣赏

希望得到重视和欣赏是人类的基本需求，要想团队成员表现出色，就需要抓住这一基本心理需求。我们认为如果成员们能够享受工作，他们会有更充沛的精力、更高的效率和更丰富的创造力。而成员要享受工作，其中一个关键要素就是要得到同事或经理的肯定和欣赏。

简单两步学会欣赏，第一步是学会关注。其实这一步的难度稍微有点大，这需要我们对周围发生的事情保持关注，并且重点关注团队成员值得肯定的行为（具有积极影响的行为）。我们不仅要提高自己的眼睛和耳朵的辨别力，以发现他人身上值得欣赏的地方，还要提高自己欣赏他人的能力。我们要用眼睛看、用耳朵听事情进展顺利的一面，而不是对他人批评指责、吹毛求疵。同时，我们也要在团队内创造互相欣赏的氛围。我们团队中的成员是互相欣赏还是互相挑剔呢？

第二步是学会分享。只是默默地对他人表示欣赏是远远不够的，我们还需要和我们欣赏的人分享我们的感受。不管是团队的经理、领导者还是成员，你可能会想，薪水或报酬就足以犒劳大家，但你要是这样想就错了。按照这样的想法，大家不会重视和肯定团队做得好的地方，很有可能会关注和批评团队出错的地方。这样一来，团队听不到悦耳的赞扬，却一直听到逆耳的批评，不利于团结和激励成员们。

要衡量一个团队的投入程度，可以从上述三个方面之一着手。或者更好的做法是，从上述三个方面获得灵感，在团队中引入你独创的、能够提高团队投入度的行动。

## 团队领导和投入

根据研究可知，许多员工对团队的投入度并不高，而团队投入度高、低的关键原因就在于他们的直属经理（来源：麦克劳德报告）。那么一名投入度很高的经理需要做什么呢？根据英国就业研究所的研究以及我们和上千名员工的讨论所得，一名全情投入的团队领导应该：

- 善于沟通并能够明确对团队的期望。
- 善于倾听、欣赏、组建团队。
- 支持、鼓励团队。
- 目标明确。
- 同理心强。
- 具有长远清晰的战略目光。
- 积极关注他人。
- 领导力强。
- 受团队尊重。
- 有能力处理成员表现不佳的问题并能够宣布坏消息。

你可以自省一下，自己的领导力要如何达到上述标准？你可以根据这些标准给自己打分，或者让团队成员根据这些标准给你打分，1 分为最差，10 分为最佳。然后你可以和团队进行一场公开坦诚的对话，倾听有利于你和团队改进的建议。

还有什么方法可以提升团队投入度？我们认为有许多具体的方案可供你采纳以迅速提升团队投入度。我们将这些方案分成两部分：一部分侧重于人际交往技巧，一部分侧重于过程。

### 部分 1：人际交往技巧

- **放权并提升成员的自主程度。**有利于增进信任，促使成员更加投入工作。

- **给予反馈，表扬并认可成员。**称职的团队领导能够并善于给出积极的反馈以及对成员表示欣赏（参见第十一章）。

- **关注成员。**团队领导对团队成员真挚的关心和问候。

- **个人处事方式。**团队领导需要态度积极、以身作则，涉及领导行为处事是否正确、是否乐观、是否具有欣赏力。

- **复盘和引领。**必要时，高投入度的团队领导能够及时帮助团队并给出建议。

## 部分 2：过程

- **促进团队发展。**给予团队时间和机会以发展和进步。

- **随时待命。**好的团队领导会定期开展一对一会谈，在团队和成员有需要时挺身而出。

- **坚守职业道德。**好的团队领导公平公正，绝不泄密。

- **阐明期望。**好的团队领导能够树立清晰的目标，并愿意对它们进行细致的解释。我们遇到的大多数领导都能够树立清晰的目标，但并不是所有领导都善于花时间解释它们。

- **善于把握时间和分配资源。**好的团队领导对团队工作量有着充分的认识，必要时，能够提供额外的资源或是重新分配工作。

- **遵循流程和程序。**好的团队领导能够理解、解释和遵循所有相关的工作流程。

### 高投入度特征回顾

并不是上述所有的标准都和你的团队相关，重要的是进行忠实的自我评估（可以根据团队的反馈进行评估），以便于你衡量自己的行为是否符合标准，也便于你针对自己的行为做出必要的改变。

使用表 7-4 评估你在这些方面的表现，按满分 10 分给自己打分，1 分为最差，10 分为最佳，并备注该如何在这些方面进一步提升自己。在打分前，可以先询问团队成员他们认为自己的投入程度有多高，原因是什么；也可以让成员举例说明你为了提升团队的投入度做了哪些工作。他们的话也可以为你判断自己做得好不好提供参考。

**测试表**

表 7-4　高投入度特征总结

| 特征 | 满分 10 分 | 如何提升 |
|---|---|---|
| 放权并提升成员的自主程度 | | |
| 促进团队发展 | | |
| 给予反馈，表扬并认可成员 | | |
| 随时待命 | | |
| 注意待人处事 | | |
| 坚守职业道德 | | |
| 复盘和引领 | | |
| 阐明期望 | | |

|  | （续） | |
|---|---|---|
| 特征 | 满分 10 分 | 如何提升 |
| 善于把握时间和分配资源 | | |
| 遵循流程 | | |
| 写下能够提高团队投入度的建议 | | |

## 阻碍团队投入的因素

是什么阻碍了团队投度？我们认为有一系列的因素影响了团队的投入度，包括：

- 缺乏互相欣赏的文化。
- 强行设置不公正、不合理的任务截止期限和目标。
- 成员之间互不尊重。
- 区别对待成员。
- 明显缺乏倾听的文化。

奈杰尔见过好几位带领高水平运动队伍的教练没能凝聚他的团队，反而尽失人心。其中的原因可以归纳为以下五点。

（1）团队目标和策略不够明确。

（2）选人摇摆不定，反馈不及时，失去了团队的信任。

（3）和团队价值不一致（领导有一套规则，成员有一套规则）。

（4）不对团队和成员的个人努力/贡献表示欣赏，不庆祝个人成功。

（5）结果不理想时推卸责任（责备他人）。

在和临床心理学家汉斯·弗里贝里（Hans Friberg）进行采访时，我们想起了影响团队投入度的又一因素，即社会惰化，该概念由法国农业工程教授马克思·瑞格曼（Max Ringelmann）于1913年首次提出。如果个人和团队一起完成工作目标时付出的努力比单独工作时更少，即出现了社会惰化。一群人在一起工作时，社会惰化就无意识地发生了。如果我们注意到其他人正聚精会神或全神贯注地工作，我们可能会倾向于更少地思考，尤其是当我们累了或感到压力大时。这一现象背后也潜藏着个人拿团队决策当挡箭牌的危机，特别是在团队内部缺乏责任感的情况下。那么问题也随之而来，我们要如何了解每个人付出的努力呢？最好的办法是确保能够单独衡量每一个团队成员的表现。而且当问题发生时，个人和团队一样需要接受问责。

对各行各业的领导来说，避免这些常见的陷阱，定期在团队中寻求公开坦诚的反馈是非常重要的。

# 提升团队投入度是谁的责任

如果提高团队投入度的责任全部落在了团队领导的身上，会导致团队成员推卸责任，这是非常危险的。如果团队领导不在会发生什么？多米尼克·马奥尼（Dominic Mahoney）之前服务于英国陆军，在坦克团担任上尉，获得过奥运会奖牌，最近担任奥林匹克现代五项英国代表队的经理。他告诉我们，并不是只有领导者才有领导力，最棒的团队在赛场上随时都能展现出风采。优秀的团队自身具备的领导力比我们认为的要多得多，许多获胜的体育队伍都能证明这一点，例如新西兰全黑队（胜率最高的橄榄球队）和在教练克莱夫·伍德沃德（Clive Woodward）指导下获得 2003 年橄榄球世界杯冠军的英格兰队。

新西兰全黑队设立了"接力领导"的机制，在比赛过程中，实际参加比赛的球员完全掌握了领导权。很多队伍还采用任命联合队长这一模式，进一步移交"赛场"领导权。体育界已经发生了重大的转变，从单一领导模式转向了多级领导模式。其中的关键就在于要为团队设立明确的目的和共同的目标，允许团队成员自己做出决策，最终让团队成长为联系紧密、责任心强、能为团队发展承担责任的高效团队。

这些来自运动队的经验教训也很容易应用在其他团队中，其本质为：

- 避免事无巨细地管理。
- 确保有可以接班的领导者（即可以传达团队领导观点的成员）。
- 做好最终要将领导权移交给团队成员的准备。

## 量化投入度

量化员工投入度最常见的办法就是在团队范围内开展调查。但问题在于团队会根据投入度调查结果采取什么行动。我们都在投入度一般的团队中待过，但是团队很少会采取实际行动改善这一结果，最终只会导致团队更加疏离。如果要进行投入度调查，那么就要承诺做出改变，否则没有进行调查的必要。研究表明，70% 的团队中的领导者是影响团队投入度的主要原因，随之而来的难题便是要采用何种体制或培训以帮助经理和团队领导针对自己的行为做出改变。

我们相信衡量投入度更可靠的方法是团队中的各级领导都将提升员工投入度视为重要目标。我们应当鼓励关于投入度的讨论，并将其设计为所有团队例会中的常规环节；团队成员应当出席并参与有关投入度的讨论，确保自己高度地投入，并且明晰投入度对自己究竟意味着什么。重要的一点是，要记住对于不同的人来说，投入度代表的意义也不同，所以提高投入度是一个需要全员不断努力的动态过程，唯有如此，才能保证团队的最佳表现及高度忠诚。

米其林星级厨师兼餐厅老板汤姆·凯利基指出：

最重要的是学习态度和意愿——如果人们愿意学习，就可以塑造一切。所以往往是态度决定成功。在我们公司和团队里，有太多在厨房工作的员工并非出身于米其林星级餐厅，也并非来自顶级餐厅，而是从事和餐饮没有任何关系的工作。阿龙在花与手酒馆餐厅担任了 12 年主厨，而他之前竟然是维珍移动的员工！他认真对待工作和学习的态度和热情促使他获得了成功。奥利·布朗是我们餐厅的副厨师长，已经干了很久了。在他加入我们团队的 8 年前，他还在约翰–路易斯百货商店的食堂工作。在一个周五晚上，他来我们店里帮忙，因为他想试着在一个像样的厨房里工作，看看真正的厨房到底是什么样的。第二天一早，他没回约翰–路易斯工作，而是又来到了我们餐厅。我告诉他餐厅里没有适合他的工作，但是他表示他并不在乎，并且他每天都来。接着我们便付给他工资，他也和我们一起工作八九年了。促使他成功的是他的态度而非工作经历。有时候在运动场上，你可以看到一些运动员有出色的履历，但态度不端正，无法融入团队。

正如汤姆所说，主要是人们的学习态度和意愿影响了投入度，人们的学习态度和意愿也反映出他们是否有能力全情投入到团队工作中去。

# 第八章
# 建立信任关系

"团队并不由一起共事的人组成，而是由相互信任的人组成。"

——西蒙·斯涅克（Simon Sinek），《超级激励者：秘诀就是统一目标、统一行动、统一价值观！》
（ *Start with Why* ： *How great leaders inspire everyone to take action* ）

# 引言

团队成员彼此间的信任以及整个团队中的信任氛围是造成团队差异的重要因素，一个团队到底是为实现某个目标而在一起工作的个体集合，还是一个高效高能、真正有效运作的团队全都取决于此。

斯坦利·麦克里斯特尔（Stanley McChrystal）将军等人在他们所写的《赋能》一书中提到，比起训练士兵无条件地听从上级下达的命令，美国海军海豹突击队的组建更注重于培养士兵间的彼此信任和适应能力。有研究表明，在员工信任上级领导的公司里，股东投资能够获得更高回报。

其他研究则证明，对管理者的信任是影响员工工作满意度的决定性因素，而相互信任的员工在一起工作效率更高——这是我们本能的感受。但是实际上，员工之间互相有多信任对方，他们又有多信任自己的老板呢？华信惠悦咨询公司在近 13000 名员工中开展了调查，结果表明少于四成的员工相信领导或是对领导有信心。信任程度明显还有待提高。同样，2016 年普华永道全球首席执行官也开启了一项调查，结果显示 55% 的首席执行官认为缺乏信任会威胁公司的发展壮大。

玛吉·阿方西（Maggie Alphonsi），前橄榄球运动员，也是英帝国勋章的获得者，曾作为英格兰队队员赢得了 2014 年橄榄球世界杯。我们向她提问：信任对于一个高水平团队来说有多重要？

啊，那可是非常重要！信任太重要了，我们都低估了它的重要性——当一切顺利的时候，我们并不觉得信任的作用是那么突出和重要；但是当事情进展并不顺利，你在赛场上开始输球，要做出一些重要决定的时候，信任在此刻就变得非常重要。因为我必须要信任你作为球员的能力和作为队长的能力，我也必须要遵循你的决定——事情没有按你的预期顺利发展时，信任就变得尤为重要。回想起我在 2006 年到 2014 年间效力的英格兰队，我觉得随着时间的推移，成员间的信任渐渐建立了起来。球队能赢得橄榄球世界杯，是因为球队花费了大量的时间去建立彼此之间的信任，在这个过程中，我们球队的心理医生也帮了不少忙。

由此我们可以明白，团队要想运行得良好，信任必不可少。但是信任实在是太抽象了，当我们说我们相信某个人的时候，我们到底是什么意思呢？信任如何出现，你又要如何维持团队间的信任呢？关于我们所说的信任是什么意思，本章我们将会给出定义，并将阐明如何让信任在团队内生根、发芽和壮大，以及如何维系和深化这份信任。

## 缺乏信任的影响

如果团队内缺乏信任，那么成员之间便不会坦诚相待，不会互相倾诉，也不能彼此依赖。这样一来，团队便无法发挥应有的效率。可以说信任是团队的心脏，没有信任，团队这个词就失去了意义。就像西蒙·斯涅克所说，没有信任，团队就不过是一群人在一起共事而已。

以高水平体育队伍为例，奈杰尔发现信任对其而言极其重要。举个例子，成员们会在比赛前问队友以下问题：

- 我们可以相信你能在关键时刻做好你的工作吗？
- 我们可以相信你为比赛做好准备了吗？
- 我们可以相信你会为团队付出一切吗？

团队中的成员都是相互依赖的存在，每个人都有自己的位置或角色。如果你不相信你的同事能够完成他们的工作，那么你就要替他们负担一部分，而这也会对你造成负面影响，分散你的注意力，降低你的工作效率。刚成立的团队会问出上面列出的问题，但是还不知道他们可以信任他们的团队成员到什么程度。高效的团队并不需要再问上面的问题，他们知道成员们会准备好的，因为他们之间已经建立起信任了。

由此可见，高信任度是高效团队的重要组成部分。

安德鲁·施特劳斯教练是英格兰最好的板球运动员之一，也是英格兰板球队前队长。我们和他进行了对话并询问他是否认为信任很重要，他是这么说的：

最终，没有信任，团队就不能好好运转。信任是基础，如果你不相信身边的伙伴，觉得自己做不到坦诚直率，也无法说出自己的真实感受，那么这个团队实际上并未运转起来。你需要认识到团队中每个人都把你的最大利益放在心上。如果你怀疑这点，或是认为团队中其他人在这点上并不值得信任，例如他们把个人利益置于团队利益之上，并且不相信你正为之努力的事情，那么在建立信任前你就已经失败了。因此，信任至关重要。顺便说一下，要建立高信任度，说起来容易做起来难，因为你知道国际体育赛事总是瞬息万变，新秀在各个队伍间辗转而老将会退役。

安德鲁·施特劳斯教练也建议，即使建立了信任你也不能安于现状，因为团队总在变化和发展。

---

**反思**

想想你为之付出大部分时间的团队，列表写下所有团队成员（包括领导）的名字。根据自己的直觉给每个人从 1~5 打分，1 分为不信任，5 分为非常信任，并备注打分的原因。请将此表妥善保存，以便再次查看。

---

# 信任是什么

　　我们已经明确信任是团队运转的关键因素，但是要在团队内建立起信任，你还需要更具体地了解在一个团队中信任到底包括什么、要如何衡量信任、团队需要什么程度的信任。我们经常能听到人们说"我相信你"，但是不先弄清楚信任是什么意思，又怎么信任别人呢？只是说一句"我相信你"毫无意义。你需要具化，比如说"我相信你可以做 x 或 y"。我们经常认为值得信任是我们的价值之一，但实际上我们需要通过具体的行为去建立信任，因此仅仅口头说自己是可以被信任的还不够。随着时间的推移，你需要通过具体行为证明自己是真的值得信任的人。我们可以通过几种不同的方式看待信任这个议题。丹尼斯·雷纳（Dennis Reina）和米歇尔·雷纳（Michelle Reina）在《信任决定成败》（*Trust and Betrayal in the Workplace*）一书以一种清晰、深刻的方式来研究建立信任关系的具体行为。他们将信任分为三种特定的类型，我们采纳了他们的观点。我们的方法参见下述模型（见图 8-1）。

## 能力型信任

　　能力型信任指我们相信某人有能力做某事。在体育队伍中，如果队员传球给你了，你能接住吗？或者在商业领域里，如果我让你办一个研讨会，你有能力承办会议吗？

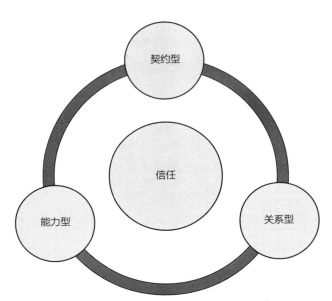

改编自丹尼斯·雷纳和米歇尔·雷纳的《信任决定成败》。

**图 8-1 三种模型**

**举例**

当奈杰尔执教英格兰英超联赛的格洛斯特橄榄球队时，他们开发了一个非常强大和有效的防守系统，但其中最弱的一环决定了整个防守系统的强度。这个系统由人组成，每个球员都是其中一环。每个球员必须保持防线相连接，并相信防线内的队员能够成功铲球，这样他们就可以专注于自己的铲球。如果有球员不相信防线内的队员能够完成铲球，他们将会犹豫不决，等待队

> 友完成铲球后才能专注于自己的铲球。这种不信任会导致关键的几秒钟被浪费，并可能使球员错过完成铲球的时机。因此，信任对建立和保持有效的防守系统至关重要。每个球员都需要相信队友有能力且会完成铲球。

在团队中也是如此，如果你不信任同事的能力，你也无法百分百投入自己的工作。

建立能力型信任

建立信任需要时间，所以要想建立信任，就要准备好投入时间和精力。米其林星级厨师汤姆·凯利基很清楚，恐惧是创造力、参与度和高绩效的绊脚石。汤姆在英国马洛开了一家独一无二的米其林二星酒吧餐厅——花与手酒吧，另外还经营着四家餐厅、一家肉店，承接活动，手下有约 200 名员工。

汤姆·凯利基解释了他是如何在自己的餐厅中建立信任的。

年轻人都从不起眼的小活干起，就是成本比较低的活，以防他们搞砸了，而由于缺乏经验，他们也更容易搞砸工作。他们需要学会尊重土豆和西兰花，因为把土豆和西兰花做毁的成本可比他们学习做鲈鱼和牛肉这些大菜要少。等到你开始烹饪鲈鱼和牛肉的时候，你已经了解了厨房是怎么运作的了。

汤姆不打算让年轻的、未经过训练的人烹饪昂贵的肉或者鱼。年轻的厨师要从烹饪蔬菜开始，还要证明他能够尊重并正确烹饪这些蔬菜。只有他们证明自己能够做到这些后，才会被相信能够处理好肉类菜肴。"他们表现得越好，需要承担的责任越重，但是他们必须学会像尊重鲈鱼和牛肉那样尊重土豆和西兰花。"

你的团队中的土豆和西兰花又是什么呢?

## 契约型信任

契约型信任是指我们相信他人的人品，相信他们能够遵守约定和信守承诺。很明显，契约型信任是团队高效合作必不可少的一部分，如果契约型信任被打破，那么团队便无法高效工作。如果你许下承诺却没有遵守，那么你的信用账户便会被清空。你毁约的事迹会在整个团队内传播，你不仅仅失去了一个人对你的信任，而且失去了所有团队成员的信任。

在个人运动项目如网球或高尔夫运动中，运动员走上球场的时候清楚地知道自己为比赛做了充分的准备。但是在商业领域以及团队中，我们还必须要相信同事或队友也为这一项目或比赛尽其所能地做了准备。在成功的团队中，大家都坚定地信任所有人都做好了准备。在建立契约型信任时行动胜于言辞，同事和队友都会注意你是如何准备和表现的，彼此间的信任也将随着时间的推移逐渐形成。

**举例**

在体育活动中，契约型信任的一个重要形式是团队选拔。运动员相信教练会根据他们为团队设定的标准选人，这个标准基于球员的日常表现，不会受到私人关系和个人喜好的影响。每个球员都希望他们的教练能够"公平公正，公开透明"，但契约型信任很容易被打破，并对团队发展造成消极影响。

**反思**

你可能会问自己要如何衡量团队中的契约型信任。例如，你们是否为大家的行为规则和表现制定了明确的契约？还是说你们只是假设彼此信任？

## 关系型信任

关系型信任是指我们相信他人不会泄露秘密，能够尊重隐私、实话实说并且互相尊重。此类型的信任对于确保团队效率至关重要。高效的团队表现需要每个人都说真话，但是如果你的同事认为你会和别人说他们和你说过的话，比如他们对项目的担忧和焦虑，那么很简单，他们不会再和你吐露心声。这样一来，团队里没有人会和别人分享自己的担忧，也没有机会再去处理这些担忧。

正如安德鲁·施特劳斯教练所说："如果你认为自己做不到坦诚直率，也无法说出自己的真实感受，那么这个团队实际上并未运转起来。"

> **反思**
>
> 要如何让关系型信任在你的团队里生根、发芽和壮大？在关系型信任中，你会如何评价你的队友和领导？你可以让每个人按 1~10 分（10 分为非常信任）给信任程度打分。如果平均分为 6 分，你可以询问，是什么让信任程度达到 6分？换句话说就是我们做得好的地方有哪些？接着你可以探索你还能做些什么以提高分数。

很明显，在团队中我们需要建立三种类型的信任，也需要明确信任的类型和信任的程度。依据这三种类型的信任，我们可以缩小我们所说的信任的具体范围。例如，我完全相信我的同事会说实话并能够信守承诺——关系型信任，但是我不相信他们能够做好自己的工作——能力型信任。

我们认为，建立信任是一个需要在团队成立早期阶段纳入讨论的环节。信任也应该成为团队定期讨论的内容的一部分，包括团队例会和一对一的访谈。或是设置定期反馈环节以建立信任。这一点请参见第十一章。

你需要决定在这三种类型的信任中，哪种类型对你的团队来说最重要，以及在不同情况下你需要哪种类型的信任。

在特定的情况下，是发展某一类型的信任更重要，还是发展三种类型的信任更重要？

# 信任的方程式

还有一种衡量信任的有趣方式是使用戴维·梅斯特（David Maister）和他的同事开发的信任方程式。信任方程式考虑了建立信任的不同因素，包括可信度、可靠度、亲密度以及人们的自我导向度。他们创造了信任方程式以说明他们认为的信任到底是什么：

$$信任 = \frac{（可信度 + 可靠度 + 亲密度）}{自我导向度}$$

对于理解团队成员间的信任到底是什么，该方程是一个很好的开始。梅斯特和他的同事认为信任就是某些要素的组合，而这些要素共同运作，一起创造了令成员紧密联系的、关系和谐的工作环境。

**可信度**和个人影响力有关。成员的行为一致吗？他们具备他们声称自己具备的知识、技能和专长吗？从本质上讲，他们的行为是否让人觉得可靠和真诚呢？从他们的言行来看，他们真的是他们所说的那种人吗？一个人越讲信用，就越值得信任。

在你的团队中，你必须仔细思考如何在各种情况和场合下建立自己的可信度。要做到这一点，需要就团队成员的期望值和他们开展一场公开的谈话：

- 我期望你做什么？
- 你期望我做什么？
- 我们要如何达到这些期望？

可信度就像尊重，失去容易获得难。在各类体育比赛中，媒体通常会准确地记录某个团队成员的能力——我们明白他们的能力，我们知道他们取得了什么成就，知道他们曾在哪里比赛，和谁一起比赛。然而，他们是否诚实、正直也很重要。

**可靠度**就是指你值得依赖的程度。你能够兑现自己的承诺吗？你能够不迟到、说到做到吗？如果你许下承诺，又打破承诺，很明显团队中的其他人不会再相信你将来许的任何一个承诺。他们可能不会当面说你是个骗子，但是你会逐渐注意到有意思的工作都轮不到你。另外，你的同事也不尊重你。如果你是团队领导，这种情况会更严重。如果你看起来不可靠，整个团队都会受到影响，团队表现会迅速滑坡。在体育领域，人们说运动员非常专业的时候，是指他们非常可靠：他们不一定是天赋最高的，但会投入额外的时间加倍练习。他们守时、穿合适的队服，能够照顾好自己，总是百分之百投入并坚持团队第一，是团队的代言人。

**亲密度**是指你和他人建立、培养和维系关系的能力。显而易见，团队领导和成员之间的较为亲密的关系以及成员之间的亲密关系是团队高效合作的基础。

最好的团队就像大家庭一样，团队成员互相不必是对方最好的朋友，但是有共同的目标，能够认识到对方给团队带去的价值。在体育队伍中，队员们大部分时间都在一起，一起训练、一起比赛、一起住酒店、一起等待比赛那天的开球，而他们真正一起参加比赛的时间则相对较短。漫长的赛季或输或赢的结果使得团队就像是一辆受比赛成绩强烈影响的情绪过山车，因此，队内的人际关系对任何一个队伍来说都是赢得比赛的关键。获胜的队伍能够在赛季中展现出一种持续向上的势头。他们能够尊重其他队员的隐私和感受，成功时一起庆祝，表现不佳时也互相关心。管理好团队的亲密度对成功至关重要，也是团队领导力的重要组成部分。

> **反思**
>
> 在你的团队中，成员间的关系有多好？你如何在团队中提升亲密度？根据你的团队状况，要如何培养亲密且有效的人际关系呢？

**自我导向度**是指个体只关注自己的需求，而不关注其他团队成员的需求的程度。很显然，自我导向度过高会有损信任。事实上，由于以自我为中心的人更加关心自己的利益而不是整个团队的利益，他们几乎不可能和他人建立长期的信任关系。较高的自我导向度是团队高效合作的对立面。自我导向度的得分越低越好，也就是尽可能地减少团队成员以自我为中心的程度，而提高"他人导向度"。

---

### 反思

**如何使用信任方程式**

信任方程式可以被用作催化剂，以促进团队开展有关信任的讨论，而不仅仅是让成员相互打分。你可以根据上述三条标准分别按 10 分制打分（10 分最高，1 分最低）。你在团队中扮演的角色不同，分数也会不同。

我有多可靠？

我有多值得信任？

我有多了解我的团队成员？（他们又有多了解我？）我们建议可以让团队成员先给自己打分，然后和其他成员讨论，而不是让整个团队成员互相打分。并不是每个人都要在第一栏的可信度上获得 10 分，在自我导向度上获得 1 分。对于团队亲密度来说，6 分已经足够。接着你们可以根据你告诉他人的信息或他们想了解的关于你的信息展开关于信任的讨论（见图 8-2）。

---

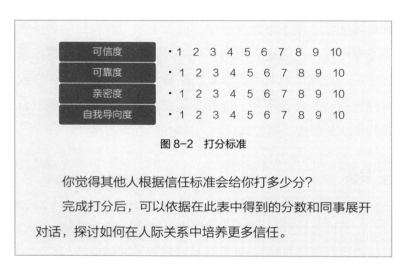

图 8-2　打分标准

你觉得其他人根据信任标准会给你打多少分？

完成打分后，可以依据在此表中得到的分数和同事展开对话，探讨如何在人际关系中培养更多信任。

　　信任是一个难以量化的概念，人们谈及信任的时候，经常说的都是对他人的总体感觉，有时候是他们的一种直觉。如果你能够在实践中展现前面解释过的关于信任的种种特点，并且认识到自我导向会损害人际关系中的信任，那么你将要踏上和他人建立信任的旅程。

# 在团队中创造信任文化
## 增进团队信任的关键

　　你可以轻松完成九件关键的事情，以增进团队成员之间的信任。无论你的团队是做短期项目还是长期项目，抑或你的团队是虚拟团队，都可以运用图 8-3 中的要素。

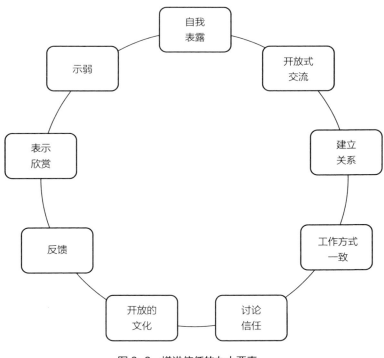

图 8-3　增进信任的九大要素

让我们逐一研究这些要素。

自我表露

作为团队领导，你要和他人敞开心扉，向团队表露真实的你——不要只说工作相关的事情！告诉他人你的爱好和兴趣，你为什么开心，又为什么沮丧。自我表露重要的是要真诚，这会让团队成员更了解你，能够给成员树立榜样，有利于团队成员更自在地敞开心扉，分享真实的自己。

### 开放式交流

确保及时和团队分享信息且方式适当。如果团队成员通过谣传或第三方获取信息，而不是从领导那里获取信息，则不利于信任的建立。定期开展面对面会谈或采用其他公开的沟通方式，有利于你迅速、便捷地传递消息。一旦你和团队分享了信息，要确保团队中所有成员都有机会参与分享、探讨和讨论，以保证他们理解这些信息意味着什么，可能对个人和团队造成什么影响。

例如，在英国处于领先地位的管理咨询公司 Lane 4 中，每个员工都能获得公司的月度数据。这体现了公司对员工的信任，而这些信息并不会被泄露出去。因此，尽可能公开和坦率地分享信息吧。

### 建立关系

我们发现在团队信任度高且表现良好的团队中，成员都对彼此有深刻的了解。花时间组织团队外出、共进午餐或者是搞其他团队活动，有利于成员了解彼此。

你可以向高水平运动队伍学习，在忙碌的项目结束后花些时间复盘团队的表现，包括团队成员的信任程度，以及你个人需要从团队成员那里获得什么才能更加信任他们。例如，在公司的销售组，复盘的时间可能就在忙碌的推销结束之后。员工一天工作 12 个小时，连续工作 7 天，周末也不休息，按时向客户提交了一份出色的销售成果。但重要的并不是立刻开始下一场推销计划，而是花些时间询问你的团队成员在销售过程中顺利的地方和不顺利的地方，特别是要询问团队内部的信任程度和信任类型。

相互了解需要时间，因为有些人天生沉默寡言，但是如果你能在自我表露方面做出表率，那么团队成员往往更容易效仿你进行自我表露。在会议或是其他团队活动中，可以鼓励成员分享一些关于他们自己的个人信息。但是不要催促他们，让他们按自己的节奏培养团队关系。例如，在研讨会开始之前，让大家分享一些基本信息，比如你是谁，从哪儿来，是做什么的……。我们也经常要求大家分享一些自己的与众不同之处。我们最喜欢问的一个问题就是"给我们透露一点大家都不知道的关于你的秘密"。成员们就会说起他们小众的爱好、经历过的尴尬但有趣的事情，以及其他各种各样的有意思的故事。这样就能迅速打破交往的障碍，让大家敞开心扉。

工作方式一致

我们发现，那些会花时间思考要如何一起工作，并且在实际中创建了自己的规则和流程的团队，其成员更加忠诚，对彼此更加信任。这方面成绩的取得主要看团队目标是什么，但如果要探讨如何一起高效工作，下面列出的是几种可能的话题：

■ 讨论团队价值观——作为团队的一分子，每个成员看重的是什么？

- 讨论团队成员可以接受和不能接受的行为。
- 撰写团队章程／任务宣言，将你理想中的团队共同工作的方式制度化。

团队章程有很多形式，有些章程被贴在办公室的墙上，每个成员都在上面签名，以表达对团队的忠诚；而有些章程则收在桌子的抽屉里，不见天日。

奈杰尔认为将团队目标变为朗朗上口（团队成员能够记住并支持的）的标语，是团结团队的有力方法。在奈杰尔担任美国英式橄榄球协会的首席执行官期间，协会的员工和董事会都采用"让美国人爱上英国球"这一标语作为日常生活中的电梯游说话术⊖。拥有坚定的团队目标是团队的重要规则，但也要注意不要太过依赖规则，正如下面的例子所展示的。

奈杰尔回忆道：

在"黄蜂"（英格兰橄榄球超级联赛俱乐部之一）中，我们设立了规则和罚款制度，并为团队设立了重要的界限。然而定下的规则越多，被打破的规则也越多。不久后，我每周都要处理违规者和罚款。我变成了警察、法官和审判长，这对我和球员的关系毫无益处，有些球员每周都要被我罚款！

后来我去了格洛斯特俱乐部（英格兰橄榄球超级联赛球

---

⊖ 电梯游说指的是在搭乘一趟电梯的时间，即 30 秒到 1 分钟的时间内向别人介绍自己或者公司的一段话语。这需要演说者具备在极短的时间内用极具吸引力的方式简明扼要地阐述观点的能力。——译者注

队之一），我创建了一个更加简单的制度，这些基于"红线"的规则能够帮助团队每周都做出最佳表现，规则如下。

（1）位置正确（去你需要去的地方）。

（2）时间正确（不要迟到）。

（3）装备正确（穿你应该穿的队服）。

（4）态度正确（态度积极，随时准备投入工作）。

这些"红线"规则简化了制度，效果非常好。

讨论信任

在一些团队中，缺乏信任是生死攸关的问题；在一些团队中，缺乏信任可能意味着输掉比赛；在一些团队中，缺乏信任可能会破坏人际关系，并阻碍工作高效进行。你不需要在任何情况下都完全相信所有人。你需要的是先和团队讨论一下你需要哪种信任，然后讨论在不同的情况下你又需要哪种信任。英国心理学家唐纳德·温尼科特（Donald Winnicott）在育儿领域创造了"足够好"一词。他提醒母亲们世界上没有完美的父母，建议父母先把注意力全部放在孩子身上，然后逐渐减少对他们的关注，让孩子变得独立。我们认为这和团队中的信任有相似之处。没有完美的信任，但是团队需要"足够好"的信任以支撑其高效运转。而这取决于团队，取决于团队在领导的帮助下明确到底什么是"足够好"的信任。因此，勇敢地讨论你们团队需要哪种信任，需要什么程度的信任，具体是什么样的信任吧！

开放的文化

这是指团队要能以公开、坦诚的方式进行讨论。衡量团队的信任度的指标之一就是在一起工作时，成员们觉得自己可以挑战、质疑并公开讨论大家的想法。在团队中工作的好处之一就是你有机会分享自己的观点并倾听他人不同的观点。如果成员之间的信任太少，大家就不会说出自己看到的真相。为高质量的讨论创造一个良好的环境有利于提升团队的信任程度和开放程度，也能够促使团队取得更理想的工作成果。一个公司的信任度越高，结果就越好。

反馈

营造开放的、彼此信任的团队氛围的一个好方法是创造一个所有团队成员都乐于接受反馈和给予反馈的环境。有许多不同的方法有助于创造这样的环境，以下是一些建议：

在会议结束前让每个成员转向坐在他们旁边的人，并说出一项在会议上或在团队一起共事时他特别欣赏对方的地方。在下一次会议上也进行类似的互动，不过这次让他们给出一条正向反馈和一条待改进的反馈。此类反馈可以作为团队定期开会时的固定环节。

- 在所有团队成员间建立起一个全面的反馈流程。为了获取更严谨和更有意义的数据，可以要求团队成员写下给每一位同事（包括领导）的反馈。这里最好采用每个人回答三个问题的流程，例如：

- 此人应该做什么以持续为团队做贡献？
- 此人不应再做什么？
- 此人应该做什么以进一步提升对团队的贡献度？

■ 或者问题也可以更简单一些：

- 不应再做的事？
- 应该开始做的事？
- 应该继续做的事？

总之就是让团队成员们分享自己的经验，以此作为团队建立信任的重要一环。一些国际蓝筹公司还对这一流程进行了进一步修改，它们要求成员们创立自己的反馈标准，并根据这些标准自主选择反馈者。反馈者根据这些标准给参与者评分，并由第三方指导人员汇总分数，将反馈发给参与者。这就成为一个定制的全面的反馈流程。

为了让上述的建议成功发挥作用，为了在团队内建立信任并使之成为团队工作方式的一部分，你必须保证真实地运行此反馈流程。这些建议并不是简单的一次性方法，每一条建议都必须融入团队工作中，才能产生持久且有意义的效果。

表示欣赏

通常情况下，我们非常善于发现团队中某个成员的表现变差，但是却并不善于注意到他人做得好的地方。当注意到他人表现出色后，我们可以给予他人更大的鼓励和动力。需要得到重视和欣赏是人类的基本需求。对于团队领导和团队成员来说，能够对他人表示欣赏也非常重要。简单两步学会欣赏——保持关注和学会分享。

- **保持关注**。这一步是指我们要培养欣赏他人的能力，要善于发现事情进展顺利的一面。有的时候你必须忽略掉一些你不喜欢的事情，而关注事情积极的一面。你也需要在团队内营造积极的氛围。这并不意味着你不能再给出批评的反馈，而是意味着在事情进展顺利的时候，你必须要给出正向反馈。

- **学会分享**。只是对人们做得好的地方保持关注还不够，你还必须让他们知道你在关注他们。作为团队领导，你可能会认为薪水或报酬就足以犒劳团队。这样一来，团队成员就不知道你看重他们什么，也不知道自己的优势是什么，但却对你不喜欢他们哪一点非常清楚，这会极大地打击他们工作的积极性。根据经验，我们建议正面反馈和负面反馈的比例控制在4∶1。这么做意味着有的时候我们并不会指出成员所有的错处，而将注意力更多放在他们表现好的地方。

示弱

没有人是完美的，任何人假装自己是完美的只会适得其反。每个人都有自己的强项和弱项，坦率承认这一点有利于信任的建立。你可能认为自己是完美的，但你要清楚你的缺点对周围的人来说是显而易见的。伦敦商学院的罗布·戈菲（Rob Goffee）教授和加雷斯·琼斯（Gareth Jones）教授的一项研究表明，成功的领导会有选择性地公开自己的弱点，通过示弱让自己更加平易近人、和蔼可亲。这么做给了团队成员展示自己的弱点的空间，能够在团队中建立更高的信任度。

阿德里安·穆尔豪斯（Adrian Moorhouse）曾获得奥运会金牌，如今是安永旗下管理咨询公司 Lane 4 的主管合伙人。他描述了和领导一起工作时的情况。他觉得其中最有效率和效益的会议就是几位领导们坦然承认自己对合并感到忐忑不安的那场会议。阿德里安认为说出自己的感受是非常重要的，这一点也适用于整个公司——Lane 4 中的每个人都应该公开表达自己的感受。

**反思**

问题：

想想你正在为之工作或曾为之工作过的拥有极高信任度的团队，为什么该团队拥有如此高的信任度呢？

信任是如何影响团队表现的？

请完成表 8-1，按 1~7 分给每一栏打分，1 分最低，7 分最高。你完成后可以让团队成员也填写此表。这么做是希望大家能够在团队内传播问题的答案，并以此为基础进行坦诚的讨论，比如目前团队内的信任度如何，以及团队需要做什么才能增加信任度。

表 8-1　信任评估表

| 要素 | 分数 | | | | | | |
|---|---|---|---|---|---|---|---|
| | 1 | 2 | 3 | 4 | 5 | 6 | 7 |
| 自我表露 | | | | | | | |
| 开放式交流 | | | | | | | |
| 建立关系 | | | | | | | |
| 工作方式一致 | | | | | | | |
| 讨论信任 | | | | | | | |
| 开放的文化 | | | | | | | |
| 反馈 | | | | | | | |
| 表示欣赏 | | | | | | | |
| 示弱 | | | | | | | |

# 第九章
## 有效解决冲突

"越是坏消息，越应该花更多精力去沟通它。"

——安迪·格鲁夫（Andy Grove）

# 引言

　　冲突和对抗是生活中不可避免的事情。人们在一起工作时必然会出现分歧。例如，观念、性格、技能和经验的不同，还有一些更明显的差异，如年龄、性别和国籍等，任何一种差异都会引发冲突。我们认为，对冲突的妥善解决能够提升团队生产力，它也是高绩效团队的关键特征之一。如何处理好包括团队领导和团队成员在内的各方人员间的冲突是一个挑战，能够辨别和区分有益的建设性冲突和有害的功能不良型冲突也非常重要。

　　作家派特里克·兰西尼奥（Patrick Lencioni）观察到，能够产生建设性冲突是高绩效团队的关键特征之一。如果团队中相冲突的观点很少或者没有，这意味着想法和建议没有得到充分的讨论，或者是团队成员并不是完全公开坦诚的，又或是团队领导没有在团队内组织有益且有建设性的讨论。

　　任何团队都存在随时发生冲突的可能性，不论时间、地点或者人物关系如何。举个例子，一个 6 人团队可能包含 30 种相互关系，这些关系都有可能引发冲突。团队内部可能会发生冲突，团队和某些组织或组织内的某些人会发生冲突，团队也会和团队外部的一些利益相关者包括顾客、客户以及供应商发生冲突。

不管是什么情况，也不管涉及何人，重要的是领导和团队能够发现冲突是什么时候出现的，能够理解冲突的本质并有效解决。有太多人对冲突视而不见，希望冲突消失，但这并不是正确做法，因为功能不良型冲突很难消失不见。如果在发现或观察到冲突的早期阶段没有对其采取迅速有效的解决方式，而是任其发展，那么冲突会迅速升级，成为更严重的问题。我们在高绩效团队中工作的经验证明，任冲突恶化并不明智，因为如果冲突得不到解决，情况只会更糟。

玛吉·阿方西（Maggie Alphonsi）是英格兰橄榄球运动员，曾赢得橄榄球世界杯。我们向她请教英格兰女子橄榄球队是如何处理冲突的，她说她们的团队在努力培养"有益的冲突"。

她接着解释说这是指如果她犯了错误，就会有人批评她；但是，是在安全的空间以专业的方式进行的。

这也和团队的信任程度挂钩。如果信任程度高，那么她并不会认为其他成员是因为和她有私人恩怨才批评她，她明白这样的批评有助于达到团队的总体目标。玛吉解释说，2010 年她服务的球队和 2014 年她服务的冠军球队的区别就在于冠军球队在努力制造"有益的冲突"，成员之间在信任和安全的范围内互相挑战，而不会因私人恩怨互相挑衅。

在这一章中，我们将会讨论有关团队冲突的具体问题，还会讨论建设性冲突和功能不良型冲突的差异，以及冲突的表象，接着我们会给出应对和解决冲突的策略和流程。

## 有益冲突和有害冲突的对比

当我们向团队成员询问他们对冲突的理解时，他们立刻就会想到那些卷入冲突的员工在工作和人际关系方面都表现得不好——生产力低下、人际关系也很糟糕。然而，冲突可以是建设性的，因为它可以鼓励人们进行讨论和辩论，从而激发更大的创造力。属于有益冲突的一个例子是，在设计新的工作流程以提升工作效率时，团队成员的想法出现分歧。在此过程中，如果各方人员都分享自己的想法，并为了共同的目标而一起努力，此类分歧（想法的冲突）就能够带来更理想的结果。

当然，这需要领导者和团队有一个清晰的目标并为之努力，也需要他们能够采用一个使各方都分享想法并探索最佳方式的流程。这听起来很简单，但是需要你拥有解决冲突的有效原则和良好方法。如果你希望团队运转良好，这一点至关重要。

那么要如何辨别有益冲突和有害冲突呢?

表 9-1 提供了一些我们观察到的方法。

表 9-1　辨别有益冲突和有害冲突的方法

| 有益冲突 | 有害冲突 |
| --- | --- |
| ■ 针对任务的问题<br>■ 以尊重的态度探讨已知的问题<br>■ 真实的意见分歧<br>■ 在一个问题上有不同的价值观或观点<br>■ 拥有双赢的心态 | ■ 人身攻击<br>■ 指责他人<br>■ 表达愤怒和沮丧<br>■ 操纵他人或有颐指气使的行为<br>■ 非输即赢的局面 |

在感知到冲突并处理冲突的时候,你需要做的第一件事就是确认该冲突是有益的还是有害的。解决冲突的任务往往会落在领导身上,如果是有益冲突,领导需帮助成员解决冲突;如果是有害冲突,则需解决问题。我们将在本章后续提供解决冲突的流程。

# 潜在冲突的症状和迹象

认识冲突的症状和迹象有利于尽早诊断和处理冲突。我们日常可见的表明有冲突存在的迹象有:性格不合、愤怒、争吵辩论以及非输即赢的局面。这些冲突相对比较容易被识别。但你必须格外注意不那么明显的症状和迹象——可能是你观察到或感受到的团队成员行为或工作方式的一些变化。
发现这些症状和迹象有一定的难度，因为它们非常微妙，需
要你熟悉团队和团队成员平时的状态。

你可以先从反思自己在冲突中的行为以及自己和他人发
生冲突的原因入手，这是一个很好的起点。

---

**反思**

回顾在过去几周或几个月内你在工作中和别人产生冲
突的时刻，你能确定冲突发生的原因吗？想想当时的具体
情况：

- 冲突涉及了哪些人？
- 大家都说了什么？
- 你的感觉如何？
- 你是怎么想的？
- 你是怎么回应的？
- 是什么让你感觉你在冲突之中？

---

理解自己在冲突中的行为，意识到自己行为的变化，可
以帮助你更好地看待其他人经历的变化。此处重要的是你能
够认识到行为上的变化是人们从舒适区走向冲突的一个迹象。

我们发现有一个理论能够帮助人们理解是什么使他们陷
入冲突。该理论为依莱斯·H. 波特（Elias H.Porter）博士提
出的"关系觉察理论"。该理论表明，冲突发生在你觉得自

己所重视的事情受到威胁的时刻，而这会损害你的自我价值感。冲突的产生通常与人们的价值观有关，当然，不同的人，他们的价值观也是不同的。在和管理者及领导者就冲突展开深度交流时，我们发现他们常将以下问题视为诱发冲突的原因。

- 他们的能力受到挑战。
- 别人对他们摆出高傲、轻蔑和咄咄逼人的姿态。
- 作为个体的权利受到了挑战。
- 别人对他们怀有敌意。
- 他人行为过于情绪化。
- 觉得被他人利用。
- 不得不和难相处的人打交道。
- 觉得自己被忽视。

不管是上述感受中的哪一种，如果你没有辨别出来，都会使冲突升级。波特的理论中还有一个有趣的部分，即他认为人们通常并不是直接从正常行为转到冲突行为的。他认为从正常行为转向冲突行为时，人们还要经历一个过程。这一过程可能用时很短，突然间发生很多变化，也可能用时很长。

在一些情况下，识别冲突的症状和迹象并不难。例如，在收到其他成员或股东怒气冲冲的问责邮件后，团队成员为此大声争吵；或是在团队会议上，成员间根深蒂固的矛盾暴露无遗；或团队成员开始恶性竞争；抑或是表现糟糕的成员竟然不愿意接受你的反馈，而你需要处理他的问题等。上述只是一些你能观察到的迹象。一些冲突的迹象是显而易见的，例如团队中越来越多的人缺勤和请病假。然而，还有一些冲突或潜在冲突的迹象并不明显。

- 团队行为中可见的微妙变化。
  - 闲聊少了；
  - 沉默多了；
  - 一些成员不和他人互动。
- 总体感觉团队士气低落。
- 成员积极性下降。

**个案分析**

### 冲突的引发

该案例源自我们和同事的一次讨论。

苏珊娜是一个管理咨询团队的成员，她倾向于独立工作，只有在团队评审的时候才偶尔和其他成员聚在一起。有一次她和同事爆发了冲突。她和我们解释说，她知道自己对待一些同事的脾气有些火爆，但这个激烈的反应是源于在之前会议上这几个同事的所作所为：这些同事总是对他人冷嘲热讽、居高临下，不尊重团队中的其他成员。她觉得这些同事参会只是为了无事生非。

有一次，苏珊娜正坐着和几个同事聊天，吉姆进来了，径直走向她的小组并坐下。他加入他们讨论的开场白是"又来开会了，又浪费一天"。苏珊娜立刻回怼他说："如果你觉得浪费时间，为什么还留在这里？为什么不现在就离开？这样我们也不必再忍受你的抱怨和冷嘲热讽了。"话一说完，吉姆就起身离开了！

苏珊娜接着解释说事后她觉得很糟糕，因为她并不想这样，她只是想让吉姆意识到他的冷嘲热讽的行为毫无用处。但是她现在意识到自己的反应确实有点咄咄逼人了。接着，我们在和苏珊娜的讨论中探究、分析了她的行为，她意识到对她来说，缺乏对他人的尊重是引发此次冲突的主要因素。

这种冲突发生得很快，通常会导致关系破裂，在这个例子中也确实如此。苏珊娜还解释说，她很惊讶自己在这种特殊情况下的反应，也很诧异自己的反应速度和回应速度是如此之快。她从这次经历中得到的教训是要尽量控制自己急躁的脾气，要更深入地思考自己的话语可能会导致的后果。

在这种情况下，怎么做才会更好呢？当吉姆在抱怨开会浪费他的时间时，比起怒气冲冲地回怼他，苏珊娜可以问一个开放性的问题，如"你为什么觉得今天被浪费了"。苏珊娜可以倾听吉姆的解释，同情他却并不一定要认同他。这样能够帮助吉姆冷静下来，让他分享自己的想法。而实际情况是吉姆觉得苏珊娜在攻击他，所以他情绪激动地离开了会议室。这必然会导致苏珊娜和吉姆的关系恶化，也会导致他们和其他成员的关系恶化。其他成员会觉得苏珊娜说话没有技巧，而吉姆太过情绪化。

我们认为下述要点有助于提升团队领导者处理冲突的能力：

- 观察力敏锐。
- 熟悉团队成员平常在工作中的行为模式和动机。
- 感知团队成员的行为变化，尽早处理。
- 采用适合自己的冲突处理流程。

我们在担任教练和咨询顾问以及管理自己的团队时发现了一个有效的流程，下面我们会详细对之进行说明。

## 冲突处理流程

我们提供的流程有 7 个环节（见图 9-1），任何人都可以使用此流程来解决冲突。该流程包含一系列用以诊断冲突是有益的还是有害的步骤，并提供了解决冲突的过程。冲突代表着事情没有在顺利进行，因此，在运用该流程时你也许会发现你需要不断地对流程进行调整以适应特殊的情况以及冲突涉及的具体人员。

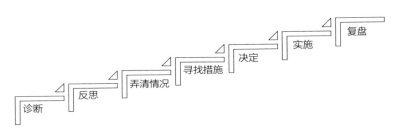

图 9-1　冲突处理流程

在流程中，每一阶段都涉及一系列的技巧、方法和实践，每个人都可以根据自己的情况进行调整。

**步骤 1 诊断。**在这一阶段，你已经意识到团队中存在一些分歧、对抗或者是其他的不寻常的行为。这一阶段的挑战是确定分歧的严重程度，判断这是一场简单有益的争辩还是一场正在升级的冲突。在这一阶段，观察是关键。要弄清楚你的所看、所想和所感是否在表明一场冲突正在酝酿当中。关注问题和问题涉及的人员，和相关人员交谈确认事情的发生过程，以及所涉及的关键问题。

**步骤 2 反思。**在这一阶段，你必须判断这是否只是一个你稍微留意一下就行的有益辩论。如果你觉得这只是同事间的有益争辩，那么你对相关人员的了解，对他们通常是如何处理争辩和分歧的了解将会大有帮助。此外，争论的话题也可能有些影响，例如，讨论者在争取自己想要达到的结果时

到底拥有多大的自由度。也许你需要推动这一流程，以促使
分歧走向统一，或者是朝着解决冲突的方向努力。

如果在反思后，你觉得情况正在逐渐演变为或是已经演
变为有害的冲突，那么你必须适时介入，以确保问题最后能
以一种令各方都满意的方式被解决。其中重要的一点是，各
方相关人员都需要了解你的主要职责是帮助他们解决问题，
以便开展后续的工作。如果他们都了解你的职责，那么你就
可以和所有相关人员确定见面的时间和地点，着手解决冲突。
你也可以说明一下你打算如何进行，让每个人都谈谈到底是
哪里出了问题，如何以专业的方式解决冲突等。你的职责是
和大家一起努力解决问题，而不是告诉他们要怎么做。

步骤 3 弄清情况。在这一阶段，倾听、确认、理解和理
清事实是关键。此时你的职责是确保自己能站在不同的角度
全面地理解冲突事件，并且不做任何评价。本质上（假设自
己没有参与冲突过程），作为调解人的你要鼓励冲突涉及的相
关人员描述自己所看到的情况；并鼓励他们坦诚地对话（能
当面进行最好），鼓励他们说出自己对问题的想法和感受。这
一阶段对你来说最重要的是鼓励并协助各方公开谈论冲突，
通过倾听和理解他们各自的想法来帮助他们找到双方都能接
受的解决之道。

步骤 4 寻找措施。一旦你和冲突涉及的各方都觉得你对
冲突的理解是清晰而全面的，那么是时候探索解决问题的措
施和方法了。有时候你可能会发现，在前面的阶段中，你已

经开始着手思考有效的解决措施了。你可以从探索这些措施开始，如果有必要的话再和其他人一起头脑风暴，以制定一系列解决冲突的方法。你在此阶段的职责是提出想法，帮助各方达成彼此都能够接受的结果。

步骤 5 决定。假设你已经完成了之前的步骤，相关人员都开始理解彼此对问题不同的看法，并且意识到最好的办法是努力达成彼此都能够接受的结果。最后的结果应该是每个人都同意并接受的，而这往往需要一定程度的妥协。这一阶段不应操之过急，因为要确保每个人都能够理解最后的处理方式。在本阶段，你需要具备的技能是表达清晰、善于倾听他人、阐明事实和总结概括。确保每个相关人员都对结果表示了口头同意（有必要的话可以书面记录），并且保证他们都理解了该结果带来的共同利益。要注意的是，这一阶段的工作如果没做好，冲突会再次发生。

步骤 6 实施。现在你的职责是观察解决方法的应用过程。这个时候，你必须通过观察解决措施是如何在实际情况中起作用的，来评估冲突处理流程是否有效。因此，倾听和观察能力非常重要，你需要衡量相关人员是否愿意共同努力保证冲突得以顺利解决。

步骤 7 复盘。对任何冲突的处理都不容易。冲突往往包含着妥协和让步，对任何人来说都是一次情绪化的经历。但冲突也可以是一次很好的学习机会，因此复盘冲突过程是非常值得的，这能够帮助你了解哪些办法是有用的，哪些办法是没用的，未来要如何改进和提高。冲突是生活中不可避免的，因此学会巧妙处理冲突对你大有裨益。

冲突可以是积极有益的。所以重点不是要避免冲突，而是要在它演变成功能不良型冲突前识别出来；必要时，要善于改变自己的行为；通过有技巧地干预来帮助他人解决冲突。

# 第十章
# 创造使命感
# 和意义

"缺乏使命的天赋是最贬值的货币。"

——亚历克斯·弗格森（Alex Ferguson）教练，
曼彻斯特联足球俱乐部主教练

"工作不仅是为了获得面包，也是为了探索意义；工作不仅是为了得到钞票，也是为了获得认可；工作不是让人麻木，而是让生活充满惊喜；总而言之，工作并不是为了周一到周五过得死气沉沉，而是为了创造一种有意义的生活。"

——斯塔兹·特克尔（Studs Terkel），《工作》
（*Working*）

# 引言

越来越多的研究表明,对于团队高效合作以及团队归属感和参与感来说,使命感至关重要。最近,麦肯锡的一项调查显示,近 90% 的受访者希望找到人生的使命。70% 的受访者表示他们的使命感在很大程度上是由工作决定的。有趣的是,超 80% 的高管表示他们在工作中实现了自己的价值,而只有 15% 的一线经理和员工认为他们在工作中践行了自己的价值观。这个对比性的数据说明了在工作中实现价值的风险和机遇。风险在于团队中那些在工作时使命感更少的成员在工作中获得的自豪感、满足感、责任感、投入度和兴奋感也更少,和工作的联系也更加松散。显然,这并不利于团队高效合作。如果你能够让成员思考在工作中是什么赋予了他们意义,并且给他们机会完成有意义的工作,那么他们对自己的工作会更有自豪感和满足感,并且会更加投入地工作。

在商业领域,有目标也是好事。例如,安永会计师事务所进行的一项研究表明，在接受调查的高管中，有三分之二的人因为失业而正在重新深入思考自己的使命，其中大多数人（超 59%）正朝着"以人为本，奉献社会"的使命努力，以求为更广泛的利益相关者创造价值。近 60% 的商业领袖认为使命感对他们个人的工作满意度非常重要。

## 使命是什么

字典中对"使命"的定义是，完成事情或创造事物的原因以及其意义感。"意义感"是此处的关键词。越来越多的团队成员提出这样的问题：

- 我的工作有意义吗？
- 它有价值吗？
- 我工作的使命是什么？

### 为什么目标很重要

我们的生活需要目标感，这并不是什么新鲜事。米哈里·契克森米哈赖（Mihaly Csikszentmihalyi）在他的著作《心流：最优体验心理学》中提出："人如果感觉不到自己隶属于一个更伟大、更永恒的实体，那么他无法过上真正优质的生活。"关于个人目标的阐述应当清晰具体，和个人价值观一致。该阐述可能只有几句话，但是要说清你是谁，你的抱负是什么。个人目标能够反映出你热爱的事物，也能指导你的人生。

史蒂夫·乔布斯的个人目标并不是建立全球最大的电脑公司，而是"通过生产可以拓展人类思维的工具为世界做贡献"。临床心理学家兼作家乔丹·彼得森（Jordan Peterson）认为，获得生活的意义比获得自己想要的东西重要，因为你并不清楚自己想要什么，也并不清楚自己真正需要什么。

美国经济学家、诺贝尔奖得主米尔顿·弗里德曼（Milton Friedmann）有一句名言，即企业的唯一责任是盈利。他去世时，《经济学人》称他为 20 世纪下半叶最具影响力的经济学家，也可能是整个 20 世纪最具影响力的经济学家。弗里德曼的确有着巨大的影响力——从某种程度上说，这么多年来，企业拒绝除了盈利之外的任何目的已是常态。用弗里德曼自己的话来说就是：

企业的社会责任有且仅有一个——那就是在遵守游戏规则的前提下，利用一切资源，从事以盈利为目的的活动。也就是说，企业应当进行公开自由的竞争，拒绝弄虚作假。

如今的企业已经颠覆了这样的想法，而是将"利润＋"的概念作为企业准则。"利润＋"是指企业需要盈利以生存，但是盈利并不是企业存在的唯一原因。事实上，《英国公司治理准则》就规定了企业应具有超越赢利的目的。《英国公司治理准则》中有一点是，盈利可以不是企业的目的，但若企业能够确定自身的使命是造福社会，并为之努力，那么也会产生盈利的结果。

为了说明这一点，英国的普珀斯弗（The Purposeful Company）公司召集了14位来自于各大公司，如卡比塔、国民西敏寺银行集团、普华永道和联合利华等的执行总裁，他们的工作证明了企业有除盈利之外的目的能够带来各种好处，包括清晰的发展战略和明确的经营准则，还能为员工提供更有意义的工作。

## 目标导向型团队往往更成功

拉金德拉·西索迪亚（Raj Sisodia）是巴布森学院教授，担任美国全食超市公司顾问。他研究了1996~2013年间的28家公司，发现相比标准普尔500指数（记录美国500家上市公司数据的一个股票指数）的平均增长率118%，目标导向型公司增长了1681%。

美国智睿咨询公司（一家全球领导力咨询公司）在2018年发布了《全球领导力展望》，其中指出拥有明确目标的公司的盈利程度高于市场平均水平至少40%。

如果你想要吸引和留住最优秀的人才，拥有清晰且有意义的目标非常重要——该目标并不局限于盈利。例如，美国有超过80%的Z世代表示在找工作时会将公司目标纳入考虑范围。还有80%的美国大学毕业生认为从工作中获得使命感是非常重要的。有趣的是，只有不到一半的大学毕业生找到了具有使命感的工作，然而，这些毕业生的幸福感可能比其他毕业生高了近 10 倍。

萨拉森女子橄榄球队前队员，橄榄球世界杯赛冠军以及大英帝国员佐勋章获得者玛吉·阿方西告诉我们，在体育界和商界中，团队拥有共同的愿景和目标很重要：

> 我认为团队中必须要有一些我们都认同的东西，驱使着我们朝同一个方向努力。回想我在医疗保险公司活力健康（Vitality）工作的时候，我们总是谈论很多关于共同目标的话题，也会讨论团队成员接受同一目标的重要性。我认为在体育队伍中也是如此，成员们知道对同一目标的支持和赞同能够增强整个团队的劲头，因此我们当然需要一个共同的目标！

很明显，发现团队的意义、树立团队的目标是团队合作的重要一环。

# 目标的三个层级

你需要分三个层级为团队寻找目标，这些目标会给团队投入度带来积极影响（见图 10-1）。

- 第一层级为个人层面。
- 第二层级为团队层面。
- 第三层级为组织层面。

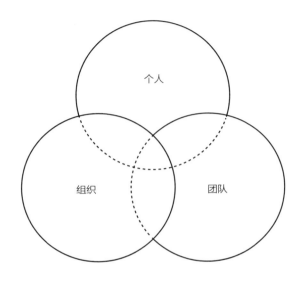

图 10-1 目标的三个层级

在理想状态下，这三个层级的目标会有重叠的部分，以确保个人、团队和组织整体都能拥有最佳表现。让我们逐一分析每一层级。

### 个人层面

我们先分享一个例子，看看个人目标或目标宣言是什么样的。里根·加洛（Regan Gallo）是美国圣戈班集团建筑方案部副总裁，她制定了个人目标宣言，总结了自己的工作目标。该宣言为"努力为他人创造有利条件，以帮助人们积极工作，过有意义的生活"。

这份目标宣言提醒里根她为什么工作，帮助她专注于自己的工作目标，并且能够清晰地向成员传递出她对他们的工作和生活的关心。

在个人层级建立目标的第一步就是让成员们先思考，是什么赋予了他们生活的意义和使命，他们要如何将其与自己的具体职责联系起来。完成第一步的一个方法是询问团队成员们擅长什么，让他们列举至少 20 件他们在工作中擅长做的事。如果你能够和成员们坐在一起完成这个流程，效果会更好。或者让成员们两人一组完成清单并重点写下以下两点：

- 要如何在工作中运用自己的优势？
- 这一点对增强使命感有何帮助？

如果成员们无法将自己擅长的事和如何将其运用到自己的实际工作中联系起来，那么可以先简单问问他们如何在工作中发挥自己的优势。

团队领导下一步要做的，是寻找和创造机会让成员们能够做对自己有意义的项目。很明显，如果团队领导不知道对每个成员而言有意义的事是什么，那么他就无法完成这一步。

将价值和目标相联系，观察人们的价值取向，以帮助人们思考自己的目标。一旦我们明确了自己重视什么，再去思考并确定意义和目标，就会容易得多。因此，你可能会想先思考一下自己的价值取向是什么。

现在请在巴雷特价值中心提供的价值观清单表格中（见表 10-1）勾选你的十大价值取向。这样有助于确定你的个人价值观，或是团队价值观。此表所列内容并不详尽，你可自由添加内容。圈出或标出你认为最重要的价值观。以下问题能够帮助你更好地进行选择：

哪一价值观能够令我感到满足和愉快？

哪一价值观是我决不接受妥协的？

表 10-1 价值观清单

| | | | | |
|---|---|---|---|---|
| 野心 | 首创性 | 民主 | 自重 | 友善 |
| 自主 | 完美 | 有决心 | 专一 | 名誉 |
| 能力 | 隐私 | 专业 | 忍耐 | 创新精神 |
| 承诺 | 激进 | 顾家 | 真理 | 公正 |
| 合作 | 安全 | 有趣 | 睿智 | 爱 |
| 奉献 | 真诚 | 诚实 | 真实 | 公开 |
| 可靠 | 团队合作 | 独立 | 勇敢 | 和平 |
| 共情 | 信任 | 正直 | 改变 | 权力 |
| 守信 | 多元 | 领导力 | 本领 | 守时 |
| 自由 | 冒险精神 | 金钱 | 好奇心 | 尊重 |
| 和谐 | 仁善 | 爱国 | 果断 | 自给自足 |
| 想象力 | 挑战 | 满足 | 平等 | 成功 |
| 启发性 | 社群 | 富足 | 公平 | 平静 |
| 知识 | 创造力 | 值得信赖 | 坦率 | 独特 |
| 忠诚 | | | | |

> 明确了十个你认为最重要的价值观后就可以进行下述步骤了：
>
> - 按重要性进行排序，1 为最重要的价值。
> - 描述每一个价值对你意味着什么，以及它为什么重要。
> - 回想生活中你遵循并体现这些价值观的时刻，以及这么做的结果和影响是什么。
> - 接着回想你不得不在你的价值取向上妥协的时刻，以及这么做的影响是什么。
> - 思考你的价值取向以及完成上表后的洞见，问问自己目前的职责是否和自己的价值取向相契合，你所在的团队要如何达到你的要求。
> - 最后考虑将以上步骤扩展至团队层面。

巴雷特价值中心设计了一份非常有趣的问卷并发布在了它们的网站上（https：//valuescentre.com），填写这份问卷能够帮助你明确你的价值取向。

谢洛姆·施瓦茨（Shalom Schwarz）教授提出了另一个明确个体价值取向的方法。他的研究确定了十个价值观。

- 仁善——你能否给他人提供帮助。
- 成就——你有多重视成功和野心。

- 自主导向——你有多大的创造力，你想要多大的自由。
- 享乐主义——你有多想要享受快乐。
- 社会公正——你有多看重社会的公平和正义。
- 安全——你有多想要和谐的社会秩序。
- 遵从——你有多看重顺从他人。
- 刺激——你有多想要、多看重精彩刺激的生活。
- 传统——你有多看重和尊重谦虚和虔诚的品质。
- 权力——你有多看重权威和财富。

我们都有不同的价值取向，因此有必要思考自己最看重什么，并且让成员按重要性以从高到低的顺序给自己的价值取向进行排名。

举个例子，我们对法国一家跨国公司中的 90 位管理者进行了一项小型研究，发现他们认为最重要的三个价值观是：

- 仁善。
- 成就。
- 自主导向。

接着我们进行了讨论，让每个人对这些价值观进行了具体解释，并说明他们如何在施展领导力时运用这些价值观。在此之后，每位管理人都和自己的团队进行了类似的讨论。很明显，同一个价值观在不同团队中的排名不同，优先顺序也不同。但是了解每个团队的偏好有利于你和成员开展关于价值和目标的有意义的谈话。

## 团队层面

确定了每个成员的价值观后，整个团队就可以聚在一起，共同思考团队的目标，并从团队层面出发撰写目标宣言。在团队层面上，目标宣言需要具有五个关键特征：

这些特征包括：

- ■ 清晰易懂。
- ■ 令人信服。
- ■ 富有挑战。
- ■ 影响深远。
- ■ 达成一致。

### 清晰易懂

许多目标宣言虽具价值但内容模糊。凯度市场研究集团进行了一项调查，有四分之三的市场主管认为自己的团队有坚定的使命感，但只有十分之一的主管能够写出一份明确的团队目标宣言，并制订计划维系团队的使命感。目标宣言的理念是为团队行动提供清晰的意图和方向，含糊其辞并无助益。另外，如果目标过于明确和狭隘，就会缺乏灵活性。

令人信服

目标必须令整个团队信服，能够鞭策成员向前，并为他们带来真正的意义。目标宣言必须考虑到并建立在每个成员的个人目标和意义上——给价值观排序在此处就派上用场了。

如果目标宣言中只有数字目标并不足以令人信服，也并不是有效的宣言。

富有挑战

任务难度适中能够提升团队的积极性。任务太简单无法带来成就感，任务太困难又会让人觉得无法实现，这两种情况都会挫伤我们的积极性。你需要树立的团队目标应当是富有挑战性的。英格兰板球队前队长安德鲁·施特劳斯教练解释道：

大胆制定一个雄心勃勃的目标，让所有人为之共同努力吧。让每个人都献身于比自己的利益更远大的事情，给他们一个理由投身工作，让他们为了目标奉献自我，我认为这对大家都有好处。所以我们首先要做的是找到我们这个团队想要做的事情，这件事应当具有开创性和突破性，大胆又野心勃勃，能够激发人们的昂扬斗志。我想把成员们从他们狭隘的担忧和不安中带出来，让他们专注在更广阔、更远大的事情上，这样他们结束职业生涯后也能感到圆满，因为他们完成了一件相当特别的事情。人们经常用"野心勃勃、胆大包天"这样的字眼来形容目标。如果你想让你的团队成功运转，制定一个真正大胆的、野心勃勃的目标是起点。

影响深远

团队目标能够造成积极影响非常重要——这不仅仅是针对团队或组织而言，在更广泛的意义上也是如此。目标宣言中只是提到让销售额增长 10% 并不足够有意义。目标必须产生后果，这意味着不遵守组织的目标必会对经理和员工产生某种影响。目标必须嵌入团队和组织的文化、行为和决策中去。否则，就会面临和其他很多组织一样的危机，即目标沦为一个毫无意义的口号。

达成一致

如果团队无法在目标上达成一致，那么以上几点都不重要了，要确保所有人都支持同一目标极其关键。这个过程相当简单直白——让成员们聚在一起，询问他们团队的什么行为给他们带来了意义，增强了他们的使命感。（如果所有成员都完成了价值排序的表格会对此流程有所帮助。）这通常能够带来一场团队成员间的精彩对话，他们会针对如何工作才既有意义又契合目标展开讨论。团队集体参与有利于成员们了解彼此的想法。如果你觉得成员们的回应并不是特别积极，似乎也没有对增强使命感有很大的帮助，那么你可以问问大家：

为了增强使命感和意义感，一个团队可以做什么？又应该做什么？

## 组织层面

无论是大公司还是小公司，都在致力于培养自己的组织使命感。在小公司里，这一过程可能会更加简单。英国谢普顿马利特的一家小公司简约瑟咖啡店（Easy Jose Coffee）就是树立组织目标的典范。他们从亚马逊雨林的土著那儿进口荫蔽种植的咖啡豆。荫蔽种植就是在林冠下而不是空地中种植咖啡。一般来说，传统的咖啡种植过程需要破坏森林、腾出空地，但是荫蔽种植并不需要。简约瑟咖啡店的目标就是"保护雨林和麦尼土著，提供优质的上乘咖啡"。他们的任务是和当地的咖啡种植者建立持续稳定的合作关系，而这些咖啡种植者必须要展示森林保护的具体成果，还要坚持有机种植的原则。简约瑟的投资不仅为当地社区带去了资金，还有利于保护他们的生活方式。

大型组织也在培养自己的目标。也许在你的印象里，这些组织除了拼命赚钱好像就没有别的目标了，美国的投资银行摩根大通就是其中之一。但是其首席执行官兼主席杰米·戴蒙（Jamie Dimer）说过："我们正致力于解决一些全球重大问题——气候变化、贫困、经济发展和种族不平等。"因为他认为像摩根大通这样的公司"能力非凡，不仅要为社会发展提供资金方面的帮助，还要在帮忙制定强有力的公共政策方面施加更大的影响"。像摩根大通这样的大型投资银行的发展并不是一帆风顺的，但它一直在参与全球关键事务，而不仅仅是关注盈利。这个例子有力地说明了不管一个组织的规模是大还是小，都需要思考组织的目标。

组织的目标宣言需要用一两句话说清公司对内外利益相关者的关注，需要阐述公司存在的首要原因以及公司应当如何运作。宣言由董事会和执行团队根据员工和广大利益相关者的反馈制定。有一些目标宣言做到了简短有力、重点突出且易于理解，例如 20 世纪 60 年代美国航空航天局太空中心"把人类送上月球"的目标宣言，以及近些年来特斯拉公司提出的以加快世界可持续能源转向为己任的目标宣言。

在组织层面制定目标更为复杂，因为你作为个人或团队成员对组织目标的投入和掌控不会太多，但是要让所有成员全情投入，则必须让他们在某种程度上认可组织目标。团队领导者的挑战是帮助成员们理解组织目标，并在成员个人目标、团队目标和更广泛的组织目标间建立起清晰明确的联系。为了帮助组织确立更加明确的目标，你可能还需要影响、游说上级领导。奈杰尔一直认为团队目标极其关键，能够定义一个团队并凸显该团队和其他团队的不同之处。在体育团队中，所有人都想要拿下联赛冠军，但一个与众不同的目标不仅能将队伍和其他联赛队伍区分开来，还能为团队提供凝聚力，有利于成员在事态艰难时从中汲取集体的力量。

在奈杰尔任美国英式橄榄球联盟的总裁时，员工们和联盟主席萨奇（Saatchi）以及总裁凯文·罗伯茨（Kevin Roberts）共同为美国英式橄榄球联盟制定了目标。

我们花了数天时间和员工以及董事会讨论我们热爱的运动和体育给我们的生活带来的影响。我们讨论了第一次捡起橄榄球并抱着球跑的喜悦，就像威廉·韦伯—艾利斯（William Webb-Ellis）在1832年创立橄榄球运动时感觉到的那样。我们希望其他人也能体会这一特殊的感受，我们希望孩子们能够捡起橄榄球并快乐地抱着球跑，我们希望"让美国人爱上英国球"。正是这些期望促使我们建立了多次获奖的"英式橄榄球新秀项目"，吸引了成千上万的孩子们学习英式橄榄球。

有趣的是，美国英式橄榄球联盟动员了组织中不同层级的人员，他们的共同目标直接引发了一系列具体行动，例如设立"英式橄榄球新秀项目"，该项目旨在向之前从未接触过英式橄榄球的孩子们介绍这项运动。

> **反思**
>
> 最后，你可以想想自己的工作生涯中的目标——组织目标、团队目标和个人目标。利用表10-2记录这三个层面的目标，并思考这三个目标之间的契合度。它们互相排斥吗？

如果它们互相排斥，你要怎么做？你可以进行反思，也可以让团队一起反思。在团队中开展这样的对话非常有效，你应该在成员个人价值观、团队价值观以及组织的价值观之间建立起清晰明确的联系。

表 10-2　目标记录表

| 组织 | 团队 | 个人 |
|------|------|------|
|      |      |      |

# 第十一章
# 反馈和问责
# 的重要性

"我们需要别人给自己反馈，那是我们提升自己的方法。"

——比尔·盖茨（Bill Gates）

"我认为建立一个循环反馈机制非常重要，在这个机制中你需要不断地思考自己做了什么，要如何做得更好。"

——埃隆·马斯克（Elon Musk）

# 引言

在本章中，我们将会探索反馈和问责对团队表现的重要性。我们将会讨论如何创造反馈的文化、引入优质反馈的要素，以及如何将反馈、绩效和问责三者联结起来。我们还将提出可应用于工作中的有效流程。

奈杰尔认为在体育团队中有一点非常清晰，那就是反馈文化能够区分普通运动员和高水平运动员或精英运动员：高水平运动员享有一种浓厚的反馈文化，教练、经理和运动员都会积极给予反馈，并且认为这是团队取得成功的关键因素之一。然而，从我们的经验来看，并不是每一个团队的情况都是如此。

在高水平的体育队伍中，运动员的表现会成为大家日常分析的对象。作为队伍中的一员，你会不断收到反馈：你不仅会收到来自老板的反馈，像商业领域中常见的那样，你还会收到其他人的反馈。反馈来源包括朋友、家人、粉丝、媒体以及你的队长、教练和同事，甚至是没看过你比赛的人也会给你反馈！比如在你走进一家店买报纸时，老板会给你反馈，和你说"我听说你昨晚的比赛打得很差劲"，或者表扬你"我听说你昨晚的比赛打得很精彩"。

在任何一个成功的体育队伍中，成员都必须要对反馈持开放的态度，乐于且能够接受反馈。不愿意接受反馈的运动员不太可能达到精英水平。前英国奥林匹克运动员克里斯·阿卡布西（Kriss Akabussi）认为反馈文化是培养高水平运动员必不可少的一环。克里斯曾获奥运会银牌和铜牌，是世界锦标赛金牌的获得者，对如何成为高水平运动员有所了解。他认为如果接收不到有效的反馈，运动员就无法认识到自己的潜力，在商业领域和大型组织中也是同样的道理。

事实上在商业领域和大型组织中，反馈比在体育界要罕见得多，也不太会形成一种文化，因为人们并不能够很自如地给出反馈或接收反馈。但是分析团队表现并给出反馈是提高绩效的关键，所以对团队成员和领导来说，能够更加自如和熟练地给出并接收反馈非常关键。我们开发了一个模型来说明反馈问责制与绩效之间的联系（见图 11-1）：

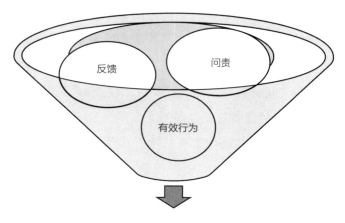

图 11-1　模型示意图

# 反馈

研究表明，在工作中人们希望给出并接收反馈以增进彼此之间的理解和优化整体表现。因此，让我们更深入地研究一下如何更好地给出和接收反馈。为了最大限度地优化团队表现，我们在反馈过程中需要拥有以下三个先决条件：

（1）一个视反馈为不可或缺的重要因素的团队文化。

（2）一群能够并愿意有技巧地给出反馈的团队成员。

（3）一群能够接受反馈，并积极寻求反馈的团队成员。

## 创造反馈文化

在任何组织中，创造反馈文化都有助于提升整体士气、提高团队生产力和优化个人表现。各级领导都会在这一过程中发挥重要的作用。从本质上讲，反馈文化意味着所有成员都能够对他人的工作表现进行反馈，而无须考虑其在公司里的职位和角色。要创造反馈文化也是一项挑战，这要求团队具备一系列的特征。如果团队尚未具备这些特征，则需先培养这些特征，然后才能开始创造反馈文化。这些特征包括：

- 领导应当通过询问团队成员对自己的行为有何意见来树立良好的反馈榜样。其中一个有用的方法是，在你和成员聊他们正在进行的项目时，问问他们你能做什么来帮助他们推进项目？这么做其实是在鼓励他人评价你的行为，鼓励他们提出更好的合作方式。

- 领导应该慷慨地表扬他人，给予他人正向反馈。这并不是简单地说"谢谢你，你做得很好"或是"干得漂亮"，而是需要说出到底哪里做得好、原因是什么、对你和团队又造成了什么影响。因此，要表扬成员，你应当这么说"拿下那笔订单你功不可没！这次的客户真难缠，做什么都很难让他们满意。但是你意识到了他们的需求，把事情处理得很妥当，确保了他们对团队的满意度"。

- 领导应当和同事及团队成员就反馈文化进行讨论，探讨反馈文化如何对团队环境产生积极影响。和所有相关人员展开对话，以便清楚地了解大家对反馈的看法，以及怎样才能让反馈在组织中发挥作用。和团队成员在哪些措施有效、哪些措施无效上达成一致。

- 在组织中建立给出反馈和接收反馈的流程。在日常工作中建立流程，有利于成功创造公开透明的反馈文化。这个流程可能包括：

  - 在会议/项目结束后定期复盘，确保每个人的进展顺利，并从讨论中汲取经验。
  - 定期安排所有成员都要参与的反馈会议。
  - 确保反馈是双向的——领导的工作不仅是给出反馈，还要积极接收反馈。

创造反馈文化需要时间和精力，但是从长期来看，反馈文化将会使成员合作更默契，让高绩效成为团队常态。由托尼·斯帕德伯里（Tony Spreadbury）领导的英国橄榄球联盟的专业裁判与我们分享了一个极佳的例子（该联盟的总部设在伦敦的特维克纳姆体育场）。

**个案分析**

托尼和他的导师团队都曾担任过裁判，他们创造了一种浓厚且强烈的反馈文化。他们的反馈方式是：一旦专业裁判们完成了一场比赛的吹哨，他们就会前往橄榄球联盟的总部——特维克纳姆体育场。他们会在那里待两天，通过视频复盘整场比赛。裁判们需要指出自己做得好的地方和还需改进的地方。他们的导师也会介入，指出他们的有效行为和需要改进的行为——由此可见这是一个双向的反馈。如果裁判没有发现自己需要改进的地方但导师发现了，导师就会介入并指出。整个流程非常细化，因为裁判和他们的导师在复盘前都会做大量的笔记。

一旦这一环节结束，裁判专家咨询组（由导师们和托尼组成）会私下进行讨论，重点研讨那些对裁判们有用的具体措施或建议。讨论结束后，裁判们进入会议。也就是说，现在裁判和导师都列席了托尼召开的会议。在会议上，每个裁判都要依次站起来对自己吹哨的比赛进行评价，重点说明他们觉得自己做得好的地方，做得差的地方以及要改进的地方。他们也会通过比赛时的现场视频片段向同伴们说明自己为何会做出这样的评价。被认为和整个团队息息相关的红旗事件（危险事件）也会在会议上被提及，整个团队对其进行讨论。尽管裁判在赛时和赛后，已经从运动员、球迷、媒体，有时甚至是橄榄球俱乐部那里得到了反馈，他们现在也必须再仔仔细细、认认真真地走一遍流程，为的是从他们的导师、同伴和托尼那里获得反馈。反馈并不一定都让人感到有趣，有的时候裁判犯的相当严重的错误也需要同伴给出反馈。最后，托尼会总结整场会议并向裁判提出建议。

这种全面公开的复盘能够形成可持续改进的反馈文化，考虑到比赛中的高风险和对裁判的持续审查，这种文化不可或缺。

越来越多的体育界精英采用视频反馈的方式，帮助他们理解并优化自己的表现。如今，录屏工作会议可能对大多数公司来说还是有点遥远，但是复盘仍然是成功创造反馈文化的关键因素，也是培养员工给予反馈和接收反馈能力的重要部分。

**反思**

仔细思考上述例子，从中找到能够引入并应用于你的团队的任何要素。

## 给予反馈

很多人都会觉得给予反馈会带来相当大的压力。在拥有反馈文化的环境中工作，这种压力会随之减少。然而，即使如此，我们仍然需要习得或培养一定的技能才能更好地给予反馈。按照简单的规则操作是培养技能的一个很好的开始；多加练习，就会更加容易给出反馈。

- 确保及时给出反馈。我们的意思是，应当定期进行反馈，或是在你想提出表扬或建议的事件发生后不久就进行反馈。要留出足够的时间进行讨论，也要确保反馈是双向的。无论其目的是精益求精还是改善不足，都要留出足够的时间去探索和计划如何将反馈落实到接下来的实践中。

- 针对具体事件给出**具体**的反馈。给出反馈的人不能言辞模糊。例如，如果你想表扬某位成员在某次会议上所做的贡献，那么在会议结束时就立刻表扬他，具体说说你特别看重他在哪方面做出的贡献。另外，如果你想给某位员工反馈，要先清楚他需要改进的地方是什么，然后问问他觉得要怎样才能做得更好，最后双方就如何改进达成一致。

- 定期反馈能够促使人们敞开心扉接受意见，并推动反馈文化的形成。将反馈机制纳入日常生活中，例如，你可以制定流程，鼓励成员们在会议结束后进行以下活动：

  - 说出会议中进展顺利的一点和仍需改善的一点。
  - 给坐在你左手边的人正向反馈，表扬他对会议做出的贡献。一旦人们习惯了这一环节，进行了几次这样的反馈后，那么接下来你就可以开始第二个环节，让成员们给每个人都提出反馈。

应该鼓励团队领导和他们的直接下属定期举行会议（至少一年四次），以便他们有机会共同讨论工作中进展顺利的部分和进展不顺利的部分。

- 反馈应当**平衡**，既要注重正向反馈，也要注重发展性反馈。只有当你知道反馈接收者愿意倾听反馈并据此付出行动时，你才应该给出反馈，这需要你具备一定程度的同理心并对此人有一定的了解。当然，如果你的工作场所形成了反馈的文化，那么给予反馈和接收反馈都会变得更容易。

- 为谈话**做好准备**，确定你想说的内容和说的方式。记住，你必须重点关注一个人行为的改变而不是他的性格。例如，不要说这样的话——"你太自大了，你总以为你是对的"，换成这种说法会更好——"当你在会上暗示你的主意最好时，其他人就不愿意表达他们的观点了。你可以试着去考虑其他同事的观点吗？"

思考一下你给出反馈的场合。例如，如果要给出建设性反馈或意见，确保在私人场合给出。同样还需要考虑的是在相关人员中，有人喜欢在公开场合收到正向反馈，但是有人喜欢在私人场合收到正向反馈。和团队中的每个成员确认一下他们倾向于哪种接收反馈的方式。

法蒂玛是中东一家银行的高级经理，她告诉我们，她认为能够给出反馈对于领导者来说是最重要的。但是她注意到经理们常常觉得给出反馈相当困难。问题就在于在太多时候，给予反馈就等于给出负面反馈。

当你的老板让你给他们反馈时，你有什么感觉？团队成员很少会期待收到反馈，反馈也往往是以非常生涩的方式传递给他们的。这些反馈要么过于模糊和笼统（例如，"人们都说"）或者是只关注了消极的一面却忽视了优点和达成的成就。

阿德里安·穆尔豪斯是前奥运会游泳运动员，如今是安永旗下主营管理开发和培训咨询的 Lane 4 公司的管理合伙人，我们可以思考一下他说的话：

> 如果组织内部关系过于友好亲密，可能会缺乏冲突和挑战。当然，你必须要以尊重他人的方式说出自己的想法。给予反馈是必要的，人们也需要掌握给予有效反馈的技巧。我担心强硬而没有技巧地给出反馈可能会破坏人际关系，所以我认为给出反馈的方式至关重要。你可能需要给出一些相当严厉的反馈，但只要给出反馈的技巧得当、方式有效，该反馈不仅能够优化成员的表现，还能改善人际关系。

在我们探讨接收反馈之前，再说一下我们关于给出反馈的最后一点想法，即花时间对员工在给予反馈和接收反馈方面进行培训是很明智的，这不仅能够促使员工对反馈机制更投入，也有利于增强组织内反馈文化的氛围。

我们在举办有关反馈的团队发展会议时，会使用英文单

词 "BOOST" 来帮助大家记忆良性反馈的关键组成部分。

B-BALANCED（平衡）

O-OWNED（自有）

O-OBSERVED（观察）

S-SPECIFIC（具体）

T-TIMELY（及时）

### 接收反馈

此处的主要问题是许多人并不愿意接收反馈，一旦收到反馈，他们就会存有戒心。

一位国际女运动员告诉我们："没人喜欢收到反馈！当然，大家都喜欢好评，大家都讨厌差评！"

如果没有以合适的方式进行反馈，团队内也没有形成公认的反馈文化，那么她所说的当然是人们的正常反应。人们收到差评时的典型反应是习惯性地辩解 "不是我，是他"，或是找其他借口解释为什么事情会变成这样，甚至完全否认。如果一个人不愿意接收、接受和处理反馈，那么问题可能出在对组织或团队的文化和价值缺乏清晰的认识，或是曾经有过糟糕的反馈体验。

要接收和理解他人给予你的反馈，你需要了解以下几点：

- ■ **向他人寻求反馈**。此举无疑是向他人表明，你想从他们那里知道自己的表现或贡献。这可能是因为你对自己的某项技能或能力没有把握，或者你只是想知道别人对你的看法是什么。我们发现能够让你获得有价值、有意义的反馈的最好的方法是提出具体的请求。例如，如果你在意别人是怎么看待你的肢体语言的，那么请一位你信任的人在会议中观察你，并且向你反馈你是如何使用肢体语言的，给别人留下的印象又是什么样的。对于给出反馈的人来说，提出的要求越具体，他越容易做到；对于你来说，则能获得更具体的反馈，而不只是得到一个笼统的评价，比如"还好啦"。

- 表现出**积极倾听**的意愿。这一点可以通过以下两种方法做到，一是克制自己即时和本能的情绪反应，二是询问自己"这个人想要和我说什么"或"这为什么对我很重要"。这样一来，你能够更加客观，也能够控制好自己的情绪。你也可以向反馈者总结或复述你所听到的或你理解的内容，表示你在倾听他给你的反馈。

- **追根究底，理解反馈**。这一点可以通过追问一些开放性的问题做到，尤其是当你不清楚别人反馈的主要观点时。一般来说，在这一阶段你会反复确认反馈意见的具体含义以及将来的改善措施。

- **分享你的后续计划**。在充分理解了反馈意见并想好要怎么做之后，向反馈者表明你将采纳他们给予的部分或全部反馈意见，并将尝试一些新的工作方式——可以具体说明这些方式是什么。

- 对反馈者**表示感谢**。这表明你重视他们的看法，鼓励他们将来继续给出反馈。

要帮助人们更自在地接收反馈，可以在团队会议结束后增加一个让成员们分享反馈的环节。我们在举办掌握反馈技巧的培训会议时，常常使用"集中反馈"的办法来确保每个人都能够从他们参与的小组讨论中获益。这一环节可以通过组织团队成员对某一议题（例如"什么有助于高质量反馈"）进行讨论来实现。接着我们会让他们通过互相反馈来复盘之前的讨论，反馈内容包括：

- 这场讨论进展顺利的部分有哪些？
- 他们应该停止做哪些事情？
- 下一次开会他们能做出什么改变？

鼓励这一结构化流程的进行，可以帮助人们掌握给予反馈和接收反馈的技巧，也能够促进反馈文化的形成。

## 问责

相互问责是高绩效团队的特征之一。团队成员需要意识到为团队的举措、行为和成就共同承担责任，有利于增进彼此的信任、达成对目标的共同承诺、缔结良好的人际关系。

要构建一个成员们能够共同担责的环境并不容易。团队成员可能会互相依赖，变得骄傲自大，一旦出现了问题，就把责任推到别人身上。很明显这在许多组织里面都是站不住脚的。在军队这种充满高风险的队伍里，建立问责制至关重要。前英国军官、桑赫斯特皇家军事学院导师多米尼克·马奥尼（Dominic Mahoney）强调了在军事团队中，复盘和反思是建立问责制的重要手段。他指出在训练或是和敌人真正交手后，团队都会复盘发生了什么。复盘的问题是：

- 我们一开始的计划是什么？
- 发生了什么？
- 我们能够学到什么？
- 下次要如何做得更好？

这是所有军事训练的一部分——多米尼克认为商业团队复制这一流程，也大有裨益。他认为商业领域的团队合作往往是草率的，在一定程度上是因为商业团队都是在舒适、安逸的环境里，过失并不会带来危及生命的后果，这一点和军队不一样。那么商界和大型组织可以从军队中学到什么，以创建被高度赋能的团队，让成员们既为自己的言行举止负责，又为整个团队负责呢？

- **让问责制成为不可或缺的一部分。** 如果你想让人们承担责任，问责制就必须成为组织文化不可或缺的一部分，必须刻在公司的基因里；它需要成为"我们在此工作的方式"中必不可少的一部分。在私人关系过于亲密的小型公司中，大家往往很容易就能感受到团队的信任度低、前进的动力不足，这会造成长期的负面影响，问责制在这样的组织中尤为重要。团队领导必须担起责任创造一种企业文化，让问责制不管是对个人还是团队来说都是能被自发遵守的。

- **鼓励成员讨论和参与。** 如果你想要激发团队成员的斗志，重要的是听听他们有什么话要说。确保为成员们提供对工作目标进行讨论的机会，允许成员们分享自己的建议和想法，这样他们才会真的觉得获得了自主权，有权力在自己的职责范围内行事。

- **阐释公司的愿景和目标。** 确保员工充分了解公司的目标和愿景，并能够理解团队的职责，明白个人要如何融入团队。应当和员工保持交流，让员工们及时了解公司的最新情况，鼓励他们讨论和分享自己的建议和观点。

- **明确对个人和团队的期望。** 明确你对个人和整个团队的期望。这包括团队成功完成任务后会有什么样的后果，以及最重要的，团队未能成功完成任务会面对什么样的后果。这一阶段会产生很多误解，因此需要确保明确清晰地阐述你的期望。

- **设立目标**。阐明个人目的、个人目标和团队目标。确保所有人都充分理解了自己的职责和责任，并且意识到他们不仅要承担实现个人目标的责任，还要承担起实现团队目标的责任。
- **复盘**。对实现目标的过程进行复盘，对于创造反馈文化、创建问责制和增进团队信任及互相尊重都至关重要。军队采用的一个措施是在每次团队会议结束后进行小规模的复盘，以便快速总结经验教训，确保下次能做得更好。

## 反馈和问责的文化

投入时间和精力以培养和发展反馈和问责的文化有利于增强组织和团队的自主权。培训员工，使员工具备必要的适应改变并接受反馈的技能和能力。这么做不仅能够促进反馈和问责文化的形成，而且反过来也能够提高个人和团队的表现水平，并有利于组织文化的形成。

在高水平运动队伍中，橄榄球运动员玛吉·阿方西强调了反馈和问责文化的重要性。

在国家队即英格兰队中，我们有定期反馈的机制，我也需要承担很多责任。在 2010 年的橄榄球世界杯赛事之前，如果事情进展并不顺利，我们团队会推卸责任，并说"这是你的错"之类的话语。

我们可能并不会针对某一队员，但是作为运动员我们可能会和教练说"你怎么没有这么做"，而教练可能会说"你们运动员怎么能那么做"。

整个环境似乎充满了我们和教练的对抗和冲突。但是在2014年，我们似乎开始承担责任了。如果你没有努力，没有在自我训练和技能发展中尽全力，那么你需要对自己负责。这样一来，你就会想要成为自己的主人，你会感觉整个团队运行良好，个人付出和团体荣誉有良好的平衡。

此处的关键是整个队伍、教练以及管理层共同努力，创造了反馈和问责的文化。这一要点也适用于你和你的团队。你需要和你的团队成员进行公开坦诚的对话，创造所有人都能承担责任并对自己负责的文化。

# 第十二章
## 教练个人和团队

"一个好的教练能改变一个游戏，一个伟大的教练能改变人的一生。"

——约翰·伍登（John Wooden），美国篮球教练及运动员

# 引言

　　不论你是领导者、经理还是团队的一员，不能忽视的一点是，教练（coaching）能力正在迅速成为提升团队效率的关键技能之一。研究告诉我们，对于准备进入领导岗位的人员而言，主管经理对其的教练是最重要的因素。特许人事发展协会（Chartered Institute of Personnel and Development）在英国是领先的研究机构，它告诉我们，主管经理的指导对员工而言是最有效的学习技能和发展天赋的方法。有趣的是，他们的研究还表明，这也通常是任何组织里最缺乏的关键领导技能。阿什里奇高管教育学院的研究也表明，"Y世代"非常青睐教练式的管理方式。

　　从研究和实践可以清楚地得出，团队领导者能够在有效教练他人的过程中受益匪浅。难点在于，教练团队所呈现的复杂性和教练个人是不一样的。团队与个人有不同的动力，因此我们必须能够将团队当作一个整体来指导，但同时不忘记解决团队中每个成员的需求。在这一章中，我们将了解教练的一般技能，然后讨论一些关于教练团队的细节。

同样值得一提的是，教练不仅仅是领导者或经理的专利，任何一个团队成员都可以担任教练的角色。事实上，在任何高绩效团队中，成员都能为团队及团队工作带来不同的技能和能力，这些团队成员可能都具备相互教练的技巧。所以，这一章既是针对团队领导，也是针对团队成员的。

## 教练的基础

在具体考虑如何教练团队之前，你需要掌握教练的基本技能和流程。下面的模型总结了教练的基本技能（见图 12-1）。

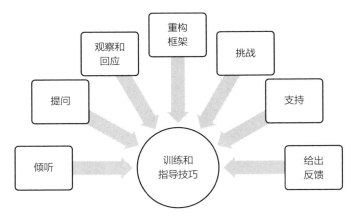

图 12-1　教练的基本技能

在图 12-1 中，我们列出了针对个人或团队进行指导的基本技能。以下是对这些技能的简要总结：

## 倾听

这是所有技能中最难的一项。我们都认为自己是好的倾听者，但事实并非如此：我们有时把谈话当作打乒乓球——你说，然后我说，当你说的时候，我在想接下来该说什么。那不是倾听！

美国的心理学家卡尔·罗杰斯（Carl Rogers）曾说过，从我们的角度对他人含有情感意义的陈述进行主观评价的倾向是人际沟通的主要障碍。所以，如果你不认真专心地倾听某位团队成员所说的话，也不倾听他没有说出口但暗示的信息，那么你不仅有可能错过他的重要贡献，而且也会对你与那位团队成员的关系产生负面影响。你没有倾听时，对方是知道的。

当你在进行复盘或者开会时，你可以和你的团队一起尝试下面的练习。最好是四人一组，三人一组也行。在这种情况下，一个人既要倾听感情和感觉，也要倾听意向和假设。

---

**练习**

团队成员 A 可以花 2 分钟左右的时间讲述他正在处理的问题，在这个过程中完全不受干扰。其他人试着在我们描述的不同层级倾听，然后轮流向说话者反映他们

---

在各个层级上听到的内容。

团队成员 B 主要倾听讲述者的思考方式。我们称之为一级倾听。说话人选择了什么样的词？使用了哪些数据？运用了什么逻辑和分析？给出了什么判断和意见？

团队成员 C 主要倾听讲述者的感受方式。我们称之为二级倾听。他们现在感觉如何？他们当时感觉如何？他们的非语言交流手段是什么？

团队成员 D 主要倾听讲述者的意图和假设。我们称之为三级倾听。他们打算怎么做？他们对这一行动的承诺有多少？他们可能会做出什么假设？

然后倾听者与团队成员 A 分享他们听到的内容，团队成员 A 也会告诉每个倾听者说得有多准确。通过聆听三个层级的对话反馈，说话者能够更深入地思考他们的问题。

这个练习说明了倾听的几个重要方面。专注、有效的倾听是一个复杂的过程，不仅仅是听对方所使用的词汇。为了提高倾听的效率，你还需要在逻辑或思维层面上倾听说话者所使用语言的质量、所提供的证据以及他所做出的任何判断和意见。而且，你需要有能力捕捉和理解说话者所表达的情感，无论是通过他们的语言还是非语言交流。最后，说话者是否在他们所说的话或他们说话的方式中暗示了他们的意图或假设？

这是我们在培训课程中经常给高管们做的一个练习，用来说明倾听过程的复杂性。许多人告诉我们，他们发现这有助于他们了解如何进一步提高倾听技能。通常情况下，人们可以先确定倾听过程中他们认为最容易和最具挑战性的层面，之后可以专注地练习后者。

要想进行有效的练习，你需要能够以三个层级倾听说话者的话语并向他们表明这一点，你可以通过不时总结说话者的发言来确认你理解了他们的观点。

## 提问

询问正确的问题能使问题更聚焦和更清晰。一个开放的、探索性的问题会带来有趣而深刻的回答，而一个封闭的问题的答案只有"是"或"不是"！提出问题的目的是鼓励团队成员敞开心扉，提供他们的意见和建议，并分享他们真实的观点和感受。教练的出发点必须是去充分理解团队成员。他们应该使用各种各样的提问技巧来适应不同的情况。例如，有开放式问题、探究性问题、反思性问题、漏斗问题和封闭式问题，这些不同类型的问题都有用途，如何使用取决于具体情况。

## 观察和回应

注意到团队和个人的肢体语言、辅助语言和声音的使用状况是非常重要的。研究告诉我们，许多对话的含义都来自于非语言的交流——肢体语言和辅助语言。所以，重要的是在用耳朵识别词语的同时还要用眼睛观察发生了什么。注意说话内容和说话方式之间的一致性，并准备好对任何不符的情况做出反馈。如果你觉得某人的话语与他们的肢体语言或面部表情不一致，那就核对一下，通过反馈你看见的和你听到的来进一步求证。例如，有的人可能说他同意你的观点，但是面部表情却暗示他有着些许怀疑。在你继续下一步工作之前最好检查一下，以确保你真正得到了团队成员的赞同和承诺。

### 重构框架

根据哈佛商学院领导与管理学教授艾米·埃德蒙森的说法，框架是关于一种情况的一组假设或信条。作为一个团队教练，你需要知道你的团队对特定情况的假设是什么；然后你可以适当地支持或挑战这种想法。对于团队教练来说，能够提供有用的重构框架也是至关重要的。

例如，2019 年，在英格兰主场特维克纳姆举行的六国橄榄球比赛中，苏格兰队在上半场以 7 比 31 落后。他们看起来像是完全被打败了，士气低落，似乎下半场会是同样的情况。然而，在下半场，苏格兰队连续五次得分，并在比赛快结束前以 38 比 31 领先。只不过在最后一刻英格兰队扳回一球才最终取得平局。根据媒体的报道，苏格兰队的教练和队长以及老队员们在上半场失败后重构了他们对局势的"框架"：他们没有把注意力集中在哪里做得不好和互相指责上，而是把目标重新定为赢得下半场和获得尊重。通过关注未来的可能性而不是做得不好的地方，他们重新找到了能量和信心，挽救了一场所有人都认为必输的比赛。

你能想起自己的生活中类似这样的例子吗？你有过对一件事进行重新定义，使它变得更加积极，从而使你重新充满活力的经历吗？

## 挑战

在团队中，能够挑战彼此的思维是至关重要的，团队成员能够挑战领导者的思维也很重要。在我们生活的世界里，团队必须面对的许多问题都是所谓的"棘手问题"。这些问题没有正确或错误的答案，只有更好或更坏的选择。所谓的"棘手问题"的概念是由两位美国教授在20世纪70年代创造的，但在今天的VUCA环境中，这个概念是完全合适的，在这个环境中，我们面临的越来越多的问题没有单一的解决方案。在过去的几年里，许多英国企业都面临着如何应对英国脱欧的"棘手"问题，这种情况对所有人来说都是新的，没有历史可以借鉴。许多团队正在研究的另一个"棘手问题"是气候变化以及人类如何更好地应对。

过去，人们一直认为团队领导者应该知道所有的答案，而团队将跟随他们指引的方向；但是在当下，领导力一词意味着要更加关注协作。如今，协作型领导者更有可能从团队中得到更多建议，更有可能与团队成员展开进行有效的对话，也更可能针对成员的不同计划提出质疑并听其解释；最后，再根据团队的集体智慧确定下一步的方向。在以上所提的种种情况中，如果不利用团队中的个人智慧以及集体智慧，任何团队领导的行动效果都不太可能达到最佳。

## 支持

对于任何教练来说，为所有团队成员提供支持和鼓励是很重要的。为这种互动创造合适的环境非常重要。不是每个团队成员都有信心畅所欲言，如果你想在团队中鼓励无须担心被他人评判的表达自由，那么你必须支持所有团队成员，即使他们的想法并不总是那么出色。创造机会让团队成员表达自己的观点而不必担心被嘲笑或被指责，对于在团队成员之间以及团队成员和领导之间建立牢固的联系至关重要。

支持团队意味着倾听团队成员的所有观点和想法，认真总结这些想法，并就将哪些想法付诸行动达成一致。唯有这样，才能创建一个成功的团队。

支持团队的一种方法是把团队分成较小的小组来进行讨论。这为那些不愿意在大庭广众面前分享想法的人提供了机会，他们在小群体中可以更自在地分享他们的想法，然后再将小组观点反馈给更大的组。

## 给出反馈

给出反馈是高绩效团队的必备元素，团队的所有成员都应该参与其中，既给予又接受反馈。

对于真正有效的团队合作，培养一种"反馈文化"很重要。来自团队成员和领导的高质量反馈将有助于提高每个人的表现力。那么，什么是高质量的反馈？首先，在赞赏和建设性反馈之间取得平衡是成功的关键因素。研究表明，正向的、表达欣赏的反馈应该比负面的反馈更多。我们都经历过所谓的"三明治"反馈，即领导先给员工一些正向的反馈，紧接着就是一些负面的反馈。当然，这通常会阻止接受者从正向的反馈中获得任何正能量。最后，为了不让团队成员的情绪陷入低谷，领导者会在结束反馈前给出一个较为积极的反馈。但是团队成员仍然停留在负面的反馈上，并没有听到最终的正向的反馈是什么。事实上，我们完全没有必要使用这种总是把积极和消极联系起来的反馈方法。

这就好像是在说，"你是一个非常好的团队成员，但是……"，人们只会记住"但是"。

想要给予良好的反馈，需要养成在他人身上寻找闪光点并与他人分享这些闪光点的习惯。所以，当你看到员工做得很好的时候，你应该告诉他们这就是积极的反馈。然后，当你看到你认为做得不好的事情时，首先问他们："你觉得你在那个任务中做得怎么样？"在你开始批评之前，给他们一个自我反馈的机会。这并不意味着熟练的反馈者只关注积极的一面，而是意味着你会使用一系列技巧来帮助人们理解哪些工作方法有效，哪些工作方法无效。

## 指导模式和流程

团队可以使用许多不同的模型和流程，以便有一个结构化的方法来相互教练。在这里，我们总结了三个我们认为对个人和团队教练都很有用的指导模型。如图 12-2 所示：

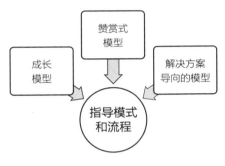

图 12-2　指导模型

- 成长模型是由已故的教练专家约翰·惠特默（John Whitmore）先生开发的，这是一个帮助人们组织他们的教练对话的指导性框架。
- 赞赏式模型改编自大卫·库珀瑞德（David Cooperrider）和苏雷什·斯里瓦斯塔瓦（Suresh Srivastava）开发的赞赏式探究模型（Appreciative Inquiry Model）。
- 解决方案导向的模型改编自史蒂夫·德沙泽尔（Steve de Shazer）和仁洙·金·伯格（Insoo Kim Berg）开发的以解决方案为重点的治疗模型。

## 成长模型

这个模型既可以用来教练单个团队成员，也可以用来教练整个团队。这个模型（即 GROW 模型）集中在四个方面：目标（Goals）、现实（Realities）、选择（Options）和意愿（Will）。具体步骤是，教练先和每位团队成员探索他们的具体目标是什么，接下来了解现实中发生了什么、人们做了什么、说了什么、谁参与了等；然后在询问学员的意愿，以及为了采取具体行动愿意付出多大的精力之前，教练可以要求学员提出一些不同的计划。

成长模型可以帮助你采取更有条理的教练方法，而不仅仅是给团队成员提供建议或想法。现实情况是，许多管理者在没有充分探索每个团队成员的个人目标或团队目标的情况下就开始教练了。然后他们会发现自己没有目标可以关注，也没有具体的行动可以采取。

我们创建了这个模型的一个修改版本，添加了一个 "I" 和几个 "R"。I 代表问题。显然，在教练询问他们的目标之前，团队成员需要解释他们的问题；第一个 R 提醒我们要特别关注团队内的关系，而不仅仅是事实和数字。

- 团队总体感觉怎样？
- 团队成员之间的情感关系怎么样？
- 还有谁参与其中，他们的感受如何？

　　此处危险的是，经理们往往会忽略教练过程中涉及的情感问题！但导致行动的是情感，而不是逻辑。我们添加的第二个 R 的是资源，指的是帮助每个教练前进的优势和资源。例如，他们什么时候成功地解决了类似的问题？有什么资源可以帮助他们解决问题？你不能只关注教练或团队做不到的事情。

　　我们的成长模型如图 12-3 所示：

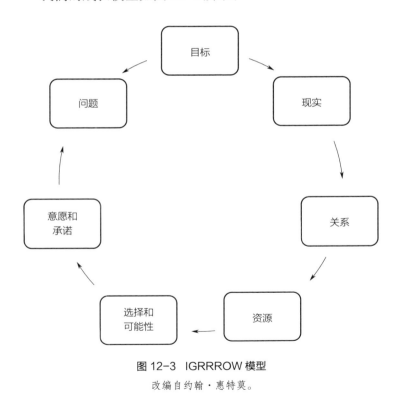

图 12-3　IGRRROW 模型

改编自约翰·惠特莫。

遵循这一流程将帮助任何教练以彻底和有条不紊的方式解决问题，它能确保问题的所有基础层面都被涵盖，并将使教练更有决心将他们的计划付诸行动。这将有助于教练避开被经常出现的诱惑所干扰而跳过目标直接进入现实的问题。通常情况下，管理者非常擅长提出有关现实的问题，但不太擅长询问情感和心理问题。至于替代性选择，许多管理者会掉入的陷阱是自己给出选择和意见，而不是问被教练者的选择和意见。许多人也忘记询问团队成员的意愿，只是假设他们的愿意。询问团队成员的具体意愿和投入程度、获得具体的行动计划和执行日期，并采取积极的跟进行动，这些做法非常重要。

## 赞赏式模型

这种模型是基于一种名为"赞赏式探究"（AI）的理论。赞赏式探究是由凯斯西储大学韦瑟海德管理学院的大卫·库珀瑞德和苏雷什·斯里瓦斯塔瓦两位教授在20世纪80年代提出的。该理论的基本前提是当团体与团队或个人与个人合作时，人们应该专注于探索团队合作的积极方面，以及如何利用这些积极方面为团队的未来表现创造有利的条件。

赞赏式模型主要着眼于探索哪些措施对团队成员和团队有效，并借此想出怎么做可以带来更高的效率，取得更大的进步。如此，团队就可以共同创造更加理想的未来。赞赏式教练是一种利用正能量审视团队未来可能取得的成就的绝佳方式。当前，越来越多的组织都在得益于赞赏式教练。

在使用赞赏式模型时，我们建议采用以下流程：

- 首先要了解团队的优势和资源，而不是探究团队哪些工作做得不好。你还可以帮助团队成员整合他们已经拥有的好的经验和反馈。因为积极的一面往往会被忽视，团队成员可能会养成只关注不如意的、消极的一面并指责他人的坏习惯。
- 让团队想象一个更美好的未来或更理想的状态。团队想达成什么样的目标？让他们想象一下自己渴望的未来，然后把自己的想象分享出来。
- 帮助团队明晰团队成员为实现预期目标而需要采取的具体行动和行为。让团队成员参与讨论并列出具体行动的清单，确保你对之进行了记录，这样你就可以再回顾和检视它们。
- 要确保复查是整个过程中的重要部分，特别是要复查团队在目标和行动方面的进展。

### 解决方案导向的模型

这种模型着眼于未来，关注的是问题的解决方案而不是问题本身。专注于解决方案的方法最初是作为一种治疗模式存在的，但近年来已被广泛用于教练。它旨在帮助被教练者找到解决方案，增强他们的优势并找到前进的道路。

这种模型涵盖一些基本的假设和原则：

- 变化无时无刻不在发生，所以教练的工作就是识别并放大那些积极的变化。因此，教练需要了解团队发生了哪些积极的变化。如果没有证据表明正向的变化已经发生了，那么团队想要的变化也不太可能真正到来。

- 看待事物没有"正确"的方式：不同的观点可能都符合某个事实。教练者在这里的角色是挑战团队成员的假设和感知，并探索不同的思考和感知方式。这有助于避免"团体思维"，即某些人在讨论中占据主导地位，而其他人则害怕发声和提出质疑。

- 对"问题"的详细了解通常不利于找到解决方案。教练者不必花费大量时间试图详细了解问题。相反，他或她的工作是提出好的开放性问题，以帮助团队反思，并清晰地意识到他们的议题是什么。当一个团队由只想直接给出答案的专家主导时，这样的教练模式也会有一定的帮助；然而，这也意味着，被教练者需要放弃自己寻找答案和自己解决问题的想法。以解决方案为中心的教练理念是让指导教练后退一步，允许团队成员自己思考。

- "问题"不会一直存在。总有一些时候是没有问题的，所以有一个可帮助我们前进的方法是确定**没有问题时**

发生了什么。再次重申，教练者的职责是调查事情何时进展顺利，而不是何时进展糟糕。这可能很困难，因为团队往往专注于问题，很难将注意力转向积极的方面。这种方法在应对变化方面尤其有用。寻找那些没有"问题"的工作，看看是什么在对团队工作产生影响，然后鼓励团队多做类似的事情！

- 朝着正确的方向前行的每一个微小变化都可能带来显著的效果。团队似乎经常有想实现重大变革的愿望，但大的改变在现实中很难实现。以解决方案为中心的方法强调了识别和鼓励团队朝着正确的方向迈出的每一小步的重要性。在现实中迈出的一小步比只做一些雄心勃勃的计划好得多，因为这些计划大多注定要失败。不幸的是，我们似乎更热衷于那些实际上并不奏效的雄伟目标。

- 让团队想象一下自己喜欢的未来是什么样子的是很有用的。可以采取所谓的"奇迹"问题的形式，即教练让团队（或个别成员）想象他们上床睡觉，第二天醒来后某个奇迹发生了。然后，教练让团队成员描述在他们的想象中，这个已经发生了的奇迹是什么。这是一个相当难的技巧，因为成员经常会拒绝回答这个问题，他们会说这问题太难回答，或者认为奇迹不可能发生。但让他们发挥想象力，想象他们喜欢的未来，这件事值得坚持。

在解决方案导向的模型中，没有必要深入探究问题的根源或详细分析问题。顾名思义，这个模型的核心是制定解决方案，尤其是团队自己的解决方案。

### 以解决方案为中心的方法

以解决方案为中心的方法是通过各种步骤和流程实现的，其中包括找到平台——这就是我们在本书中讨论的。下一步就到了计数环节，这意味着询问被教练者的优势和资源，有哪些优势可以帮助他们克服当前的困难。然后让他们打分。换句话说，在 1 到 10 从低分到高分排列的范围内，团队能得几分？例如，如果被教练者说他们得了 3 分，那么你可以问他们想要多少分。如果他们能得 5 分，会是什么样子？他们会做什么？他们会说什么？他们会有什么感觉？

最后，你可以问问被教练者他们可以先完成哪些小目标。要记得在下次会议上对他们的小进步给予积极的肯定。

## 教练团队

我们学到的很多关于教练的知识都可以归功于体育教练。无论是教练团队，还是教练个人，我们都可以从运动指导中学到很多。那么，从体育运动中的团队表现到组织中的团队表现，我们可借鉴的原则是什么呢？

根据卡迪夫城市大学体育学院的马克·劳瑟（Mark Lowther）博士的研究，团队教练有三个关键的可迁移原则，即联系、环境和过程（见图 12-4）。

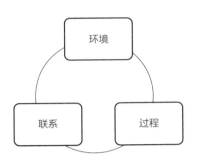

图 12-4　可迁移原则

由于在团队环境中给予个人教练的时间可能较少，团队指导应该多关注过程，而不是个人的感受和情绪。团队中可能存在一种假设，即每个人都有自己的私人教练；那么团队教练要关注的是个人在团队计划、团队策略和团队目标中的作用。因此，在团队中，团队成员需要达成一致，朝着一个方向前进。在团队中，尽管个人很重要，但作为集体的我们也一样重要。

环境

环境指的是团队和个人工作空间的整体氛围。创造一种鼓励和支持团队目标的文化氛围至关重要。前英格兰橄榄球队主教练斯图尔特·兰卡斯特（Stuart Lancaster）曾说过，团队文化是团队表现的基础。他这么说部分是正确的！如果文化环境很差，肯定会影响团队的表现，正如我们经常看到的那样。

但这话反过来不一定对！即使你创造了一种良好的团队文化，也不一定能有良好的团队表现。为了更好的团队表现，世界上最成功的运动队——新西兰全黑橄榄球队——在许多球员因不当的场外行为而陷入困境时，必须着手解决球队的团队文化问题。这里的关键问题是，其团队文化是否妨碍了团队的表现？如果答案是肯定的，那么团队文化暴露出的问题就需要被解决。商业领域也是如此，团队领导者需要反思团队现有的文化，并创造适当的文化氛围，以便团队有效地完成任务。

过程

这指的是关于如何发展一个有凝聚力的团队以及如何做到这一点的过程。这一过程包含三个小的组成部分。

- 中转人。
- 人际关系。
- 共同的目标。

**中转人。**其中一个重要的过程是能够使用团队的高级成员作为中转人。如果团队规模很大，那么你不可能知道每个成员都在做什么。然而，团队成员自己知道。如果你能够拥有一个与你的愿景相一致的高级团队成员小组，那么他们就可以充当团队的替补经理和教练。他们可以通过提醒团队成员团队的工作目标、价值观和工作方式以及强化关键信息来做到这一点。这在体育界高效的团队中很常见。

利物浦足球俱乐部和苏格兰足球前运动员格雷姆·苏内斯（Graeme Souness）同意这一观点，即让球队的高级成员充当某种中转人的理念至关重要。

作为一名团队教练，你不可能什么都做。除非你让团队中备受尊敬的成员传达你的态度，否则你很难有效地管理团队。非常成功的、比赛胜率高达85%的新西兰全黑橄榄球队也采用了这一理念。他们在球队内部有一个领导小组，由队长、资深球员和年轻球员组成，这样这个领导小组就有了充分的代表性。这些人在日常生活中树立榜样，积极传达球队的价值观。因为教练是不够用的，一些运动队甚至任命了副队长，他们在球场上帮领导分担责任。

**反思**

看看你的团队——谁是受到其他团队成员尊重的团队成员，谁能够并愿意作为中转人传达你的信息？当团队成员在不同的、分散的区域工作或是在线上工作时，这一点更为重要。

**人际关系。**团队教练需要考察的另一个重要方面是团队成员之间的关系。例如，团队成员之间的信任程度是多少？

团队成员之间有什么差异，例如，在工作方式、年龄和期望方面有什么不同？你和团队以及团队成员之间的信任程度是多少？如果团队成员不信任或不尊重他们的教练或经理，他们为什么要听话？

你可能希望与你的团队就信任问题展开对话，探究你们所说的信任是什么意思、团队内部和彼此之间的信任程度如何、他们对你的信任程度如何等。然后，你可以探索如何在团队中进一步提升信任度。有关信任的更多信息，请参见第八章内容。

**共同的目标。** 与团队就共同目标进行对话至关重要。这不是一件可以随意假设的事情，需要绝对明确这一共同目标。这个团队想要什么？它将如何实现？作为一名团队教练，你的工作就是发起和推进这些对话。如果你不这样做，那么你很可能会发现，尽管团队里有有天赋的人，但团队的力量却总是少于其各部分的总和。事实上，你可能会发现，不同的人的目标可能相互冲突，这实际上破坏了你想要实现的目标。我们在第十章中写了更多关于创造共同目标的内容。

联系

联系涉及管理团队中的个人才能。尽管我们谈论的是教练团队，但我们不能忽视这样一个事实，即团队是由个人组成的，因此，我们需要去面对和处理团队中的个人需求、个人问题、个人偏好和个人才能等。重要的是不要忽视个人及其独特的个性特征和个人情况。虽然传统上教练的重点总是团队，但现代团队的现实性和复杂性要求领导者既要熟练地教练团队，又要积极地与团队成员建立联系。戴夫·布雷斯福德（Dave Brailsford）是英国及世界自行车运动中成功的经理和教练之一，曾任英国自行车运动和天空车队（现为英力士车队）的老板，他称这是一种"以骑手为中心的方法"。

同时，我们需要意识到团队目标的重要性以及个人目标和团队目标之间的潜在冲突。作为一名教练，你需要灵活应对团队中的个人需求，并能够根据团队成员的需求调整你的风格。有一句流行的话是"团队中没有个人"，这句话已经被广泛接受，但这是错误的。团队由具有自己独特风格和不同偏好的个人组成。我们面临的挑战在于在认识到这一点的同时创造一个团队的整体文化。你必须处理团队的各个组成部分以及团队本身；否则，团队将无法有效运作。

## 一些具体方面和团队教练的纪律

亨利商学院的彼得·霍金斯（Peter Hawkins）教授开发了一个有用且实用的模型，重点关注团队指导的三个方面和团队指导的五大原则。该模型的核心是团队的三个重要方面（见图 12-5）。

（1）任务——这是团队的目标，即它应该做什么。

（2）过程——这是团队实现目标的方式。

（3）关系——从两个不同的角度来看关系：团队的内部
　　关系和外部关系。

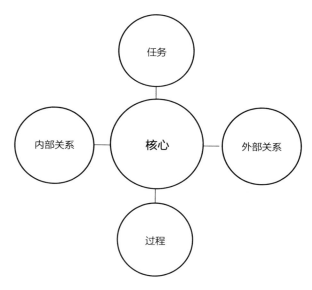

图 12-5　团队的核心

霍金斯教授还围绕这三个方面发展了五个重要的原则。

（1）调试任务。

（2）明晰问题。

（3）共同创造。

（4）连接、合作。

（5）学习状态。

对于以上的任一条原则，本书都提供了一些有用的问题方便你在教练团队时使用。你可以将这些问题作为发展团队能力和共识的基础。

- 调试任务。这支团队服务于什么？它的目的是什么？它为什么存在？团队如何与其所隶属的组织的目标保持一致？
- 明晰问题。团队的集体任务是什么？团队的核心目标是什么？团队是否清楚其角色与特点？团队是否清楚工作流程？
- 共同创造。团队是如何合作的？团队有创意吗？团队合作的技巧强吗？它是如何实现内部合作的？它是如何管理团队动态的？
- 连接、合作。团队如何与更大的组织体系和关键利益相关者合作？
- 学习状态。团队是如何学习的？它是如何继续学习的？它作为一个团队是如何发展的？

我们建议你可以将这些问题与你自己独有的个性化问题放一起处理，以帮助你更好地了解团队在具体的环境是如何表现的。

# 教练团队的挑战

我们认为教练团队可能比教练个人更具挑战性，因为需要考虑的变量更多，团队里有不同个性的人也会更多。职场里最大的挑战往往是，我们似乎容易陷入告诉别人该做什么的陷阱，而不是鼓励他们自己解决。在运动场上，就像在商业领域一样，球员或团队成员必须亲自尝试。所以作为教练，仅仅告诉他们如何做是不够的，因为你不能替他们完成任务；教练应该经常站在一旁或坐在办公室里旁观，必须相信那些顶着压力负责决策的人会采取正确的行动。如果他们做出了错误的决定，那么教练应该去复盘整个过程并质疑自己的决策能力，而不是责怪他人。

教练通常会在团队中强制推行他们的愿景和做事方式，因此球员或团队成员的投入度很低，而且他们没有也不会有主人翁的感觉。训练一个团队的关键是，让团队成员自己做决定，只有这样这些决定才更有价值，人们也更愿意为之献身。也许作为一名团队教练，你的工作首先是了解团队成员的想法：他们想要什么、他们做什么做得最好，并找到释放这些潜能的方法，而不是将自己的思维强加给他们。换句话说，你要促使团队成员自我探索。

有一个挑战其实是花时间来教练球队。我们相信，教练团队是走向成功的关键步骤。这并不容易。但经验表明，花在指导团队和团队中的个人上的时间是值得的。在商业领域中，似乎没有时间让团队成员像在体育团队中一样做练习，因为人们所有的注意力都集中在下一个截止日期、下一笔交易或下一次会议上。因此，一定要确保教练是团队文化的一部分。要做到这一点，你要试着将树立"榜样指导"作为自己领导艺术的一部分：要鼓励团队成员互相教练，以便最大限度地利用他们的技能和能力；要将教练融入你的定期会议和讨论中；要在你的日记中专门记录每天的教练对话并奖励做得好的团队成员。

# 第十三章
# 理解变化

"没有人会两次踏进同一条河流。"

——古希腊哲学家，赫拉克利特（Heraclitus）

# 引言

斯蒂芬·约瑟夫斯（Stephen Josephs）和比尔·乔伊纳（Bill Joiner）在他们的优秀著作《领导力阶梯：敏捷领导的五层修炼》中预测，"人类社会变革的步伐将继续加快，其复杂性和相互依存性将不断提高"。当我们在 2021 年写下这章内容时，世界仍然处于新冠疫情的"控制"之下，我们每天都要面对瞬息万变和极其复杂的局势。在团队的微观层面上，许多团队为了实现其团队目标不断被创建、合并和重组。即使在 2022 年，在新冠疫情的影响似乎在慢慢减弱的情况下，许多团队仍然在使用 Zoom、Teams 或其他平台进行"虚拟"会议，而进行面对面会议的概率比以前更小。高效的团队在不断进化发展，以取得更大的成功。可以说团队的世界是一个变化的世界。

虽然人们为了应对变化的局势在制定措施和设计方案方面耗费了大量的精力，但相对而言，很少有人认为变革是一件好事情。一般情况下，高级团队和其领导者会将按计划实施的变革过程视为一个机会，但要将此理念传达给员工却困难得多，因为员工更有可能将这些变革视为一种威胁。有很多高级团队经常忽视在变革过程中让每个团队成员都跟上节奏的重要性。

可是，我们看到的是高级团队似乎花费了大量的时间和精力来设想、规划和组织他们打算进行的团队变革。这通常是闭门进行的——在董事会会议室、工作组或项目组中。而同时，该团队的其他成员有一种发生了什么事情的"直觉"，他们甚至可能在这里或那里捕捉到一些信息，但实际上他们对实情知之甚少。往好里说这种情况会使人沮丧，往坏里说这会引起人们的怀疑。一旦高级团队已经探索好并决定了前进的道路，他们可能会通知下一级的管理层。在这个阶段，通常由于对即将到来的变革的兴奋感和做出的承诺，高级团队没有足够的时间，也不愿意就变革进行更多的讨论或探索。因此，下一级管理人员和其他员工会感到被剥夺了知情权而愤愤不平。

随着时间流逝，高级团队对要到来的变革更加投入和兴奋，他们希望让其他员工也参与进来，并通过公开会议、研讨会和其他沟通方式来带动他们。但人们已经忘记的是，尽管高级团队已经针对此计划忙了很长一段时间，但这个变革对组织中的大部分人来说是全新的，他们完全没有参与感，反而有一种被孤立、被抵制的感觉。

# 拒绝改变

我们往往会因为不同的原因而对变革产生不同的反应。我们的反应往往是情绪化的，改变变革发生的方式也会影响我们的反应模式。组织和领导者往往关注变革的实践背景和技术条件，而不关注伴随变革产生的情感因素。

拒绝变革的一些常见原因是：

- 对未知的担心。
- 很少或根本不了解这场变革。
- 缺乏安全感。
- 很少或根本不接受这场变革。
- 利己主义——因为这种变化会对自身产生负面影响。

无论人们抗拒变革的原因是什么，如果和团队成员及早沟通，如果他们都能有机会以某种方式对变革做出贡献，如果能让他们在参与变革的过程中接受变革的发生，那么关于变革的许多阻力都可以被缓解。

有几种不同的方法可以应对团队内部的变革，我们特别关注的是团队如何使用以下两种过程模型。我们已经成功地将这两个过程应用于从董事会到高水平的运动队的很多团队之中。

- 变革的过渡模型。

■ 变革的四个房间模型。

这两个过程不仅引入了有效的变革管理的理念，而且将帮助你了解人们对于变革的心理反应和处理方法。

## 变革的过渡模型

这种变革模型最初是由威廉·布里奇斯（William Bridges）于 1988 年提出的。它的主要关注焦点是人们在变革中经历的转变，尤其是人类才有的那些转变——换句话说，即转变者的心理因素。布里奇斯确定了三个过渡阶段，如图 13-1 所示。

图 13-1 三个过渡阶段

这种变革模型非常简单，有助于团队、团队领导者和个人更深入地了解他们正在经历的变革过程，以及他们对当前正在经历的变革的感受。它有助于我们在经历任何变变革时理解自己内心经历的转变活动。布里奇斯建议，在重新开始之前，每个阶段我们都需要经历。让我们来看看每个阶段发生了什么。

- **结束**。这是关于放下过去的。通常，在这个阶段，人们会感受到各种各样的情绪——不确定性、震惊、恐惧、烦躁、矛盾甚至愤怒。而且，你可能会问自己一系列问题，例如，为什么变革是必要的？为什么我们要受到影响？为什么我们之前不知道变革将发生？它将如何影响我／我们？当我们经历变革时，这些变革都是很自然的，因为根据变革一词的定义，你必须"放弃一些东西，适应新的东西"。

- **中间地带**。在这个阶段，人们往往会遇到很大的困惑和压力，而且通常处于不稳定的状态。旧的已经过去了，但你还不完全了解未来的道路，以及这种变革将如何影响团队。

- **新的开始**。人们开始感到兴奋、热情、宽慰和认同。人们开始接受新的现实并与之建立联系。人们有了目标感，了解了大局，知道变革的计划是什么，以及变革结束后他们最终的角色是什么。

这个模型暗含一些假设，这些假设是：变革的过渡性步骤是循环发生的，而非线性的；变革需要慢慢"培养"而不能强制令其发生；只有通过管理良好的过渡阶段，变革才能真正被实现。该模型承认团队内个人需求和组织需求的复杂性，并认为变革需要采纳自下而上和自上而下的办法。该模型还规定了管理者和领导者作为"促进者"的作用，并鼓励他们以整体的视角看待团队中个人的改变，这意味着不是每个人都能以同样的方式和同样的速度适应变革。

这个模型的要点是，真正的变革只有在经历了三个关键的主要阶段——结束、中间地带、新的开始之后才能实现。除非每个关键阶段都已发生，否则真正的变革不会发生。如果不能识别变革并提前为因变革而产生的结局和损失做好准备，其影响可能是致命的。我们在团队和组织中看到的一个主要问题是：大多数组织都更愿意从头开始，而不是努力完成这一过程。这听起来多么矛盾！

以下是每个阶段的一些提示。

**结束时：**

- 仔细听别人在说什么。
- 帮助人们放下过去。
- 给人们留出时间让他们从失去的悲伤中恢复。
- 承认损失。
- 用某种象征性的方式来标记上一阶段的结束。
- 明确其中的连续性——不是所有事情都结束了，但对于正在经历变革的人来说，他们可能会有这种感觉。你的工作是帮助他们指出什么事情没有改变。

**中间地带时：**

- 明确中间地带是变革过程的正常环节，无须过度担心。

- 创建中间地带时的临时工作结构和临时工作角色，这有助于提高工作的敏捷性和灵活性。

- 保护人们，让他们远离失败。

- 定时做回顾和检查，这样你就知道工作进展到了哪一步。

- 鼓励实验和创造力，是尝试新的做事方式的时候了。

**新的开始时：**

- 用讲故事的方式来描述人们即将踏上的新道路，将他们的新身份可视化。

- 共同设计新的角色、任务。

- 为团队成员提供支持和培训。

- 寻找、创造快速成功的机会，并及时庆祝这些成功。

---

**思考**

为了更清楚地理解变革的过渡期，你可以反思一下你自己经历的那些转变。使用表 13-1 来探索你在生活中的两个不同的变革——一个是积极的变革，一个是消极的变革。

---

表 13-1 自我评估

| 问题 | 积极的变革 | 消极的变革 |
|---|---|---|
| 这个变革让你工作中的哪一部分结束了？ | | |
| 你因此产生了什么样的感受？ | | |
| 是什么帮助或阻碍了这一进程？ | | |
| 是什么促成了最后的结果？ | | |

这种对自己所经历的改变的反思将有助于你理解什么样的沟通对实施变革有效。

通常，良好的变革包括以下这些关键组成部分：

- 尽早对变革的必要性进行沟通。
- 允许相关人员谈论他们对变革的感受和情绪。
- 通过倾听和讨论那些经历变革的成员的想法来支持他们。
- 通过鼓励所有经历变革的人提出他们自己的想法来进行探索和试验。

值得注意的是，我们都以不同的方式经历转变，并以不同的速度经历这一过程。

# 变革的四个房间模型

我们想和大家探讨的另一个理论是克莱斯·杨森（Claes Janssen）提出的变革的四个房间模型。它提出了一种心理学理论，认为个体在任何变化过程中都会经历四个阶段。这些阶段是：

- 满足阶段。
- 否认和自我审视阶段。
- 困惑阶段。
- 启示和新生阶段。

最近，杨森与 A&L Partners 公司和 Fyrarummaren 公司合作开发了一系列实用的分析工具，帮助个人和组织提高生产力、领导力和自我意识，并有效管理团队变革。奈杰尔在担任格洛斯特橄榄球队主教练时使用了变革的四个房间模型。格洛斯特橄榄球队是全球排名前四的球队，拥有优秀的球员，但当时并没有发挥出他们的潜力。每个人，包括他们的老板、球员和球迷都很沮丧。他们的目标很明确——赢得奖杯——但他们不知道该怎么做。当奈杰尔向他的队员解释了变革的四个房间模型时，队伍的表现就此开始改变。这个例子说明适应现实情况的、对用户更友好的理论会有效地推动团队变革。该模型为奈杰尔提供了一个评估他的团队目前发展状态如何的机会，同时也让他有机会了解团队成员对自己当下状态的评估。通常，团队成员和团队领导者对团队在变革过程中所处的阶段有不同的看法。

变革的四个房间模型有助于个人和组织（包括团队）了解他们与变革的关系，以及他们如何在变革的过程中驾驭自己。该模型还建议，只有在顺时针方向和逆时针方向都通过每个阶段的试验，才能在个人层面上推动变革。图 13-2 显示了变革的四个房间模型。

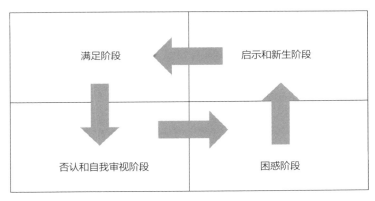

图 13-2　变革的四个房间模型

让我们首先来看个人层面的变革。个人所面临的挑战是，我们几乎都会不可避免地从志得意满的状态滑向否认和自我审视的状态。例如，我们的工作一开始做得很好，然后我们会有点自满，也许我们的准备工作变得敷衍了，付出的努力也更少。随后，我们得到的积极反馈也越来越少。

我们很容易在这里走进"否认和自我审视的房间"。我们不想完全接受正在发生的事情，所以我们可能会责怪客户或我们的同事——他们并不理解现状。但随后我们被要求审查自己之前的工作，有关我们表现的确凿事实和数据被展示出来，在这种情况下，我们无法再否认了。继而，我们来到了改变之旅的下一个阶段——进入"困惑的房间"。

这里有点自相矛盾，我们可以预期到的是一旦我们接受了现实，我们可能会直接进入"启示和新生的房间"。不幸的是，根据杨森的说法，现实情况并非如此。改变的心理旅程的下一个阶段是进入"困惑的房间"。

这是我们必须客观评估自己表现的地方——我们接受了新的现实——我们放弃了以前的行为，并获得了帮助、支持、指导和辅导。一旦你接受了正在发生的现实，承认了所发生的事情并尝试适应新的现实，也许你的态度和行为就会发生一些变化，那么你可能会获得某种欢欣鼓舞和焕然一新的感觉。

一旦你进入了"启示和新生的房间"，你面临的挑战就是如何尽可能长时间地待在那里，因为你还是会滑回自满的状态。待在"满足的房间"当然是可以的。当工作顺利、愉快而富有成效的时候我们自然会感到满意。但是，我们可能会因为过于舒适，又变得洋洋自得，然后再次陷入自满和否认的状态。这个概念的另一面是，团队往往不会直接从"满足的房间"进入"启示和新生的房间"，而是会经历改变之旅——进入否认和困惑——然后再回到"启示和新生的房间"。

当我们在生活中为即将到来的旅行做计划时，第一步是商定我们想去的地方，第二步是确定我们现在身处何方。同理，当使用变革的四个房间模型时，我们的目的地是"启示和新生的房间"，如果你已经在那里了，那太好了；如果没有，想想你当下在哪个房间呢？表 13-2 列出了关于每个房间状况的简单描述，以及人们在每个房间里会说什么、看什么、听什么。这个表将帮助你确定自己当下在哪个房间。重要的是要记住，在不同的情况和背景下，在不同的时间节点，你可能会在不同的房间。

例如，你可能在家庭生活中感到满足，在工作中感到困惑。

表 13-2　每个房间的状况

| "满足的房间" | "启示和新生的房间" |
| --- | --- |
| ■ 我们是最好的 / 不可战胜的。 | ■ 让我们实现它。 |
| ■ 市场领导者。 | ■ 我们可以做到。 |
| ■ 成功。 | ■ 提高标准。 |
| ■ 我们了解我们的客户。 | ■ 我知道我们的目的是什么。 |
| ■ 我们有很好的成绩记录。 | ■ 我们在一起是强大的。 |
| ■ 我们是最赚钱的。 | ■ 我们彼此信任。 |
| ■ 如果它没有坏，就不要修。 | |

（续）

| "否认和自我审视的房间" | "困惑的房间" |
|---|---|
| ■ 问题？什么问题？ | ■ 我们是怎么陷入这种混乱的？ |
| ■ 这只是一种趋势。 | ■ 让我们聘请顾问来解决这个问题。 |
| ■ 我们总是这样做！ | ■ 发生了什么？ |
| ■ 我们的员工不好。 | ■ 我做错了什么？ |
| ■ 这只是一个短期问题。 | ■ 我们几年前就这么做了。 |
| ■ 我们会尽力解决的。 | ■ 求助！ |

# 改变的过程——在四个房间里穿行

当组织和团队取得成功时，它们很容易从"启示和新生的房间"进入"满足的房间"。它们把自己视为胜利者，享受登顶的乐趣，不认为自己会被淘汰。这些想法经常被那些在它们周围和它们一起分享成功的人们所强化。在这种情况下，大家会很自然地认为最近业绩的下滑只不过是一种趋势或暂时现象，很快就会恢复正常。

"满足的房间"的问题是，这是一个过于舒适的地方，一旦我们不小心，团队就会滑入"否认和自我审视的房间"。迈克曾经为一个遇到困难的组织做过一些咨询。有趣的是，他们仍然有三家餐厅（一家提供白银级的服务）、一家向员工出售降价产品的商店、三个网球场、一个保龄球俱乐部、游泳池和运动场，还有一个带躺椅的阳光甲板。因此，他们很自然地滑向了"否认和自我审视的房间"。

事实是，他们做得并不好，但团队中很少有人能够并愿意接受这一现实。当迈克询问经理们对财务困难的了解时，他得到的回答是多种多样的，从对工作差错的否认到拒绝改变。

在这种情况下，我们要做的事情是让人们摆脱否认和自我审视的状态。为了让人们摆脱否认和自我审视的心理，可能有必要让人们先认清现状，摆脱自满。你需要对员工的绩效进行测试，解散团队，重新定义绩效指标，并指出问题所在。你需要展现出一种相当自信和直接的风格；你也需要做一些背景调查，要对所涉及的数字充满信心。

你不需要在"否认和自我审视的房间"待太久。一旦人们接受了某些事情需要改变的事实，你就在朝着正确的方向前进了。当然，很难让人们接受他们处于否认和自我审视的状态，因为从心理上来说，这是一件很难做到的事。如果你在你的团队或组织中创造了一种反馈文化，就像我们在第十一章中提到的英国橄榄球裁判的例子一样，这会大有帮助。如果你创造了反馈文化，那么尽管有时人们会陷入否认和自我审视的状态，但这种状态不会持续很长时间。

如果团队成员已经在用心倾听并了解了做出改变的必要性，你就可以继续评估他们的绩效表现并就评估结果进行交流，在这个过程中你要做的是尊重过去、避免指责、展望未来。在这一阶段，没有必要提供详细的解决方案；你所需要的只是人们理解和接受存在问题的现实，并知道有些事情必须改变。

从"困惑的房间"走向"启示和新生的房间"。现在是共同向前看、共同重新设定目标和总体方向的时候了。在这个阶段，让团队成员提供意见并帮助塑造未来是很重要的。现在要做的是认真听取团队成员意见、在状况不明朗的时候支持他们，并专注地完成可操作的步骤。当人们在"困惑的房间"时，可以允许人们不知道答案，但重要的是要给他们留出反思和学习的空间。确保你认可并奖励任何积极的变化——你在寻找的是朝着正确方向迈出的任何一小步——要对结果提供快速反馈，为迈向新的方向提供动力。改善工作环境，尊重过去，但不要重回老旧习惯中去。

待在"启示和新生的房间"。一旦来到"启示和新生的房间"，人们就明白了改变的必要性，他们活力满满地期待着未来。这是一个团队或组织需要待的空间，也是你想尽可能长时间待的空间。重要的是要不断加入新的行为，不要采用旧习惯。要做到这一点，你必须不断提高标准，永远不要对团队当前的表现水平感到满意，永远在前进的路上。你可以通过持续地对员工进行业绩评估、鼓励个人学习和发展新技能、激励每个人不断进步来达到这一点。同样重要的是要关注人际交往的"软技能"，要学会支持和欣赏同事，并学会享受工作的乐趣。世界级的表演者、教练、艺术家等从不对自己的表现感到满意，他们总是努力提高并保持领先地位；但最好的团队也会玩得很开心，并认识到团队成员的相互支持和关心很重要。

## 团队如何运作

当涉及团队和组织时，四个房间理论的作用有点不同。在这里"启示和新生的房间"和"满足的房间"是联系在一起的，"否认和自我审视的房间"和"困惑的房间"也是如此。你可以理解为这是因为有的团队大部分成员在顶层，有的团队大部分成员在底层。在大多数球队中，在任何一个时间点，四个房间中的每一个房间都有人。在理想情况下，大多数人会待在处于顶层的"满足的房间"和"启示和新生的房间"中，但你仍然必须致力于解决这样一个问题，即有些人正陷在底层的"否认和自我审视的房间"和"困惑的房间"中。如果大多数人都在顶层，那么团队接受变革就会容易得多；如果团队中的大多数人都在底层，那么在变革生效之前，有大量工作要做。

因此，当一个团队处于满足状态时，"启示和新生"状态也可能处于高水平，反之亦然。如果团队或组织中的"启示和新生"状态处于高水平，那满足感也是如此。在这种情况下，否认和混淆将相应减少，如示例 1 中的图 13-3 所示。

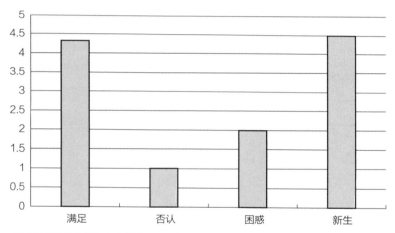

这支团队的特点是有高度的满足感和新生感，否认和困惑较少。
团队工作效率高，角色清晰，精力充沛。

图 13-3　示例 1

但如果一个团队或组织处于否认状态，那困惑也会加重，反之亦然。在这种情况下，你可能会发现满足感和新生感相应较低，如图 13-4 所示。

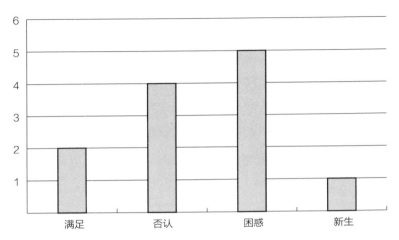

在这个例子中，团队的否认和困惑程度很高，而满足感和新生感很低。
精力和生产力低下，缺乏方向和目标，团队存在高度的不确定性。

图13-4 示例2

---

**练习**

　　解决团队问题的有效方法之一是让成员们去比对变革的四个房间模型，问问自己在每个房间里发生了什么。你可以在地上绘制出四个房间，让团队成员站在他们认为团队当时所在的房间里。然后向团队成员提出三个关键问题：

　　（1）请描述正在发生的事情、行为等。

　　（2）我们对此有何看法？

　　（3）我们能做些什么？

　　你可以在团队内部讨论和解决问题，而不必请外部顾问。这样做的目的是让团队成员将大部分时间花在找寻满足感、灵感以及新生感上，并帮他们摆脱否认和困惑的感觉。然而，所有团队和组织都可能会在这四个房间里待上一段时间。关键是要确保团队有开放性、探索性、诚实性以及非审判性的批评氛围。

## 实践中的变革的四个房间模型

奈杰尔、迈克和菲奥娜都在体育和商业团队中使用了变革的四个房间模型，并制定了相应的实践流程，该流程已经成功实施多年。这个流程是与新团队合作时一个很好的起点，可以用它来确定团队成员认为他们现在在哪一个房间。当然，所有团队成员不可能同时在同一个房间里。教练的任务是让每个人都进入"启示和新生的房间"，并让他们留在那里。

该过程包括以下内容：

- 介绍变革的四个房间模型；介绍它能为团队提供评估他们当前属于哪一状态的机会、我们需要做些什么来促进大家共同前进的机会。
- 一旦团队理解了这个模型，你可以在地上画出一个十字，用胶带标示四个房间，并为每个房间贴上标签。

- 让团队成员站在他们认为团队目前所在的房间里。
- 一旦团队选择了他们的房间，教练就可以询问他们：
  - 你为什么选择你所在的房间？
  - （对于那些不在"启示和新生的房间"的人），需要做什么才能让你移到下一个房间？
- 然后，团队可以就团队目前在哪个房间，需要做什么才能移入"启示和新生的房间"展开讨论并力求达成一致意见。
- 最后，团队成员可以收集讨论的要点，并共同决定团队前进所需的措施与行动。

随着团队的进步，使用改变的四个房间模型中的对话来讨论团队的表现会变得越来越简单。无论是与个人、团队还是大型组织合作，这个模型都可以很容易地帮助人们弄清楚他们当下的状态，以及他们需要做什么才能进入"启示与新生的房间"。

## 时间问题

在讨论期间，人们经常会提出有关时间的问题：我们需要多长时间才能进入"启示与新生的房间"？我们有足够的时间吗？取得进展的关键是认识到改变的必要性；一旦这一点被接受，组织、成员和团队就会有相应的变化。例如，一个团队可以瞬间从"满足的房间"到"否认和自我审视的房间"再到"困惑的房间"。正是因为意识到团队存在一个急需被解决的问题，人们才会有这种突然转变。

在"困惑的房间"阶段，有许多挑战：过多的辩论、无法达成一致意见将导致团队的瘫痪。因此，变革的四个房间模型的挑战与其说与时间有关，不如说与认识到改变的必要性、改变的意愿以及共同制定正确的战略和流程以进入"启示和新生的房间"的能力有关。

"启示和新生的房间是我们最终要到达的地方。"奈杰尔说。2003年，在英格兰橄榄球世界杯队前往澳大利亚之前，我受邀为他们主持了一次教练会议。我到达了球队的训练基地佩妮山公园，与教练和球员们度过了一个下午。克莱夫·伍德沃德和他的团队创造的环境让我大为赞叹。在繁忙的运动场上，每个人都专心致志，努力训练；球队成员体力充沛、状态惊人，连周围的空气里都充满了平静和自信。那是一个你觉得一切皆有可能的、与众不同的环境。我记得那天下午开车离开佩妮山时，我觉得英格兰队将赢得橄榄球世界杯——他们都在"启示和新生的房间"里。

然而，在这支球队赢得世界杯后的几个月的夏天，他们在澳大利亚未能重现当年的辉煌。团队很可能已从"满足的房间"滑出，在慢慢摸索着回到"启示和新生的房间"前进入了"否认和自我审视的房间"和"困惑的房间"。

你最喜欢的足球队、政党、商业团队目前在哪个房间？或者你现在在哪个房间？如果他们或你不在"启示和新生的房间"或"满足的房间"，你认为需要做什么才能让你/他们到达那里，并尽可能长时间地待在那里？

哲学家卡尔·波普尔爵士说，所有的事情都是不稳定的，都处于不断变化的状态中，团队也不例外。由于变化是永恒的，任何人或团队都不可能永远待在"启示和新生的房间"里。不可避免地，表现良好的团队（处于"启示和新生的房间"和"满足的房间"的团队）会变得自满，然后滑入"否认和自我审视的房间"。我们经常看到处于否认状态的团队中也有处于困惑状态的人，直接跳回到"启示和新生的房间"和"满足的房间"是不太可能的。该团队必须先以我们上文所述的方式积极解决这些问题。

然后，他们可以开始重新评估局势，讨论难题，并学习新事物。只有当他们有机会重新评估和改变态度、行为时，团队才有机会进入"启示和新生的房间"和"满足的房间"。

正如我们在本章前面提到的，团队可以在每个房间待更长或更短的时间。事实上，有些团队和组织可能会陷入满足、否认或困惑的状态，很难挣脱出来。我们的目标是尽可能长时间地待在"启示和新生的房间"和"满足的房间"中。

当您的团队处于变化期时，重要的是要确保：

■ 团队一起完成整个过程，尽管他们的心理旅程可能不在同一阶段，这意味着一定要保证相关措施和行动的灵活性。

■ 尽早沟通。

■ 改变的愿景和目标是明确的。

■ 每个人都致力于通过他们必须经历的变革过程。

■ 所有团队成员都认识到，变革是为了服务于组织目标并为其带来价值。

# 第十四章
# 运用促进技巧
# 改善团队表现

"我能在多大程度上建立关系并促进他人作为独立个体的成长，是衡量我自身成长的标准。"

——卡尔·罗杰斯（Carl Rogers），
美国心理学家和作家

## 我们所说的促进是什么意思

让我们先说一句，我们认为所有团队成员都应该具备必要的技能和经验，以发挥促进者的作用。

成为团队促进者就是成为变革推动者，帮助团队发展和提高绩效。促进者还将帮助团队中的个人发展和提升自己的能力。但作为团队促进者，他们将更专注于个人如何为团队做出贡献。20 世纪 70 年代，随着质量管理小组⊖的发展，团队促进者这个词首次得到大家的广泛关注。研究发现，这些团队在改善管理的过程中需要有人来帮助他们促进这一进程。因此，促进者没有直接解决问题，他们只是帮助质量管理小组的成员拥有解决问题的方法和流程。"促进者"一词来自拉丁语单词 facilis，意思是"容易"，因此促进者的字面意思是让团队合作变得容易。

------

⊖ 这是全面质量管理模式中的一种方法，由团队成立专门小组或员工自愿结成小组，主动推进质量管理，提高质量。——译者注

　　你可能想接受一些培训来成为一名有效的促进者，但其实你也可以在工作中学习，只要你以空杯心态请求别人对你的表现给予反馈并虚心接受反馈。我们坚信，团队领导者或团队成员应该学习促进技能，如果你已经是一名优秀的促进者，请准备好帮助你的同事掌握这些技能，以便团队中的每个人都能成为促进者。

## 为什么我们需要促进

　　团队中经常发生的事情是，人们会把大多数注意力都放在采取行动和寻找问题的答案上。不幸的是，仅仅专注于解决问题并不一定能让团队在实际解决这些问题时做得更好。

　　因此，促进者要关注团队中的三个关键因素："什么""如何"以及"和谁"。

- ■ "什么"是指团队所参与的事，换句话说就是任务。
- ■ "如何"是指完成该任务的过程。
- ■ "和谁"指的是团队成员之间的关系和磁场。

　　三个因素中最重要的是"如何"和"和谁"，因为它们有助于确定如何完成以及能否有效完成任务。

　　团队的关注点通常在个人，但忽略了团队作为一个整体工作的过程，因为团队面临的问题大多与人们如何合作的过程有关。促进者将专门研究这些过程，并让团队了解他们是如何合作的。

合作的过程是什么样子的呢？判断合作程度的一个很好的切入点就是倾听。团队成员是否真的在互相倾听，还是不断地打断对方？显然，一个不听成员意见的团队不可能高效！还有一个切入点是包容性。对话包括哪些人？是一个人在占主导地位吗？每个人都有机会畅所欲言吗？是否有成员被剥夺了发言的机会？是不是有些人因为太害羞而没有发言？

信任度怎样？团队成员彼此信任吗？很明显，如果团队成员之间缺乏信任，团队将不会像人们预期的那样高效运转。谁的影响力最大？他们的影响力来自哪里？他们是最有经验的人吗？他们是最有权力的人吗？或者他们只是嗓门最大、喊得最响的人？记住，有影响力并不意味着他们是对的！

在赫尔特国际商学院的培训课程中，我们经常带领团队进行体验式练习。练习中经常发生的情况是，当面临一个需要解决的问题时，几个性格外向的成员会想出一些点子，并毫不避讳地表达出来。然后这些点子会被试用，但实际上并没起作用。没有人愿意去问这个群体中最安静、最内向的成员，他或她到底是怎么想的。很多时候，他们的想法后来被证实是最好的。如果让团队自行解决类似的问题，他们会解决吗？我们的经验是不会。团队更有可能专注于完成工作任务，他们并不总是有经验或有能力解决我们此处所讨论的问题。这是一个具有出色的引导和促进技能的人将为团队带来竞争优势的地方。

一个经理团队为我们提供了一个恰当的例子。该团队是作为一个项目小组成立的，旨在为公司面临的一些战略问题提出解决方案。尽管所有成员都是经验丰富的管理人员，但他们似乎对团队合作的基本知识了解得不多，这导致工作的进程相当缓慢。他们缺乏创造性和战略性思维——尽管他们都非常努力、非常合作、非常愿意推进工作，但他们似乎无法从不同的角度反思和看待这个项目。他们缺乏互帮互助、引领和促进团队的实践和经验。他们的行动力强，非常踏实和务实，但在理解概念、制定战略或创造性思维方面并不出色。他们拥有强大的技术，但在团队和团队关系、沟通和人员管理方面还有很多需要学习的地方。简言之，他们没有有效的人际交往和团队促进技能。

我们可以这样描述我们合作过的许多团队：技术强大、和蔼可亲、善于合作、乐于助人、务实、勤奋和注重结果。但这些品质不足以支撑一支团队有效运转。管理者需要促进团队更有效地合作。

## 促进者需要什么技能

图 14-1 并不全面，但列出了促进者在有效促进团队的过程中所需的一些技能：

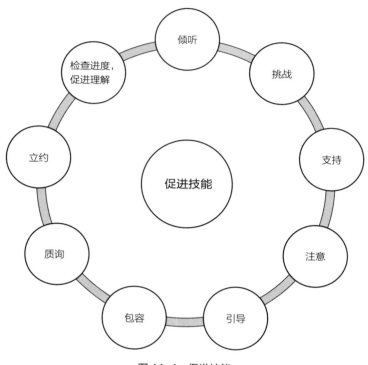

图 14-1　促进技能

- **倾听**。促进者必须是一个有效的倾听者，能够从多个
  层面进行倾听。我们的意思是不只是能够听出显而易
  见的事实，而且能够敏锐地听出话中蕴含的情绪以及
  没有被表达出来的信息。

- **挑战**。有时，促进者需要挑战团队成员，而进行有效
  挑战是一项真正的技能。在挑战和支持之间取得平衡
  是困难的，促进者的挑战必须以熟练的方式进行。这

意味着促进者需要以一种不会激怒团队的方式来进行挑战，而且他挑战的是某个想法，不是提出想法的某个人。糟糕的挑战往往是评判性的，会对个人或团队直接进行批评。

- **支持**。促进者的主要作用是支持和鼓励团队共同努力。因此，鼓励、欣赏和支持团队和每一位团队成员是一项重要的技能。经验表明，一个好的促进者往往会做出更多积极的和支持的行为，而不是评判和批评的行为。

- **注意**。"注意"在这里的意思是，促进者必须注意到团队中正在发生的事情。气氛怎么样？暗中涌动的情绪是什么？团队的整体情绪是怎样的？了解情绪的一种方法是意识到团队中的非语言交流。团队的肢体语言是什么？团队成员交流时使用什么样的语气和语言？阿尔伯特·梅拉比安（Albert Meharabian）教授估计，一个情绪化的个体多达 93% 的交流可能是非语言的。

- **引导**。"引导"指的是建立信任并引导人们说出真实想法的能力，这意味着促进者要鼓励人们站出来，公开、诚实地表达自己的想法。

- **包容**。感到被集体包容是人类的基本需求之一，团队促进者需要确保每个人在团队中都有发言权。某些团队成员很容易主导谈话。他们可能非常外向，或者比其他人更自信，或者他们可能只喜欢自己的声音，但促进者必须进行干预，确保每个人都能畅所欲言，确保没有人或团体在主导对话。他/她需要注意的是不要让人们打断别人的发言。谁都没有理由在别人发言时打断别人。如果一个人说得太多，那么作为促进者，你有权进行干预，要求他们开门见山地表达。一个行之有效的办法是允许发言者先进行 3 分钟的发言，这个过程不允许别人提问，在发言结束后再允许其他人进行提问或质疑。

- **质询。**这有点类似于引导发言，不过这一步更多是关于提出好的、开放性的问题并认真倾听。这里的技巧是提问和质询，而不对回答做出判断。实践这一点比听起来困难多了，因为我们经常看到团队领导问了太多封闭的问题，或者没有对一个问题进行足够深入的探讨，或者更糟糕的是，发表了批评性的言论。

- **立约。**促进者与团队立约非常重要，这样每个人都能够清楚团队会议的目的和过程。契约内容会涵盖会议时间等要点，也可能涵盖保密性协议以及团队鼓励和不可接受的行为有哪些等。例如，促进者可能会与团队就会议期间使用移动设备的事项立下条约。

- **检查进度，促进理解。**促进者的一个关键角色是检查团队的进度。因此，他们可能会要求"暂停"讨论

（通常是用双手做 T 形手势作为信号）。然后，他们会走近团队，询问每个人在问题的讨论上取得了多少进展，并询问还能做什么或还可以做什么。团队会议通常会偏离正轨，因此促进者需要帮助团队回到正轨。同样重要的是，主持人要在会议期间检查人们是否理解了彼此的观点。因此，他们需要不断倾听和观察，并注意到团队成员的困惑或误解。一种常见的做法是对发言进行干预，然后用转述的方式表达，比如"约翰，如果我的理解是正确的话，你刚才在说……"。所以，你基本上是在转述约翰所说的话，但希望那些没有理解约翰观点的人能更好地理解。约翰可能会同意你的表述，也可能不太同意并进一步解释。

## 促进者需要什么态度

一个优秀的促进者会表现出很多种积极的态度，图 14-2 中的特质并不全。

- **共情**。有同理心很关键，不要在团队成员面前自视甚高。记住，你是让团队能够表现良好的促进者，而不是独裁者。
- **好奇心和兴趣**。强烈的好奇心在探索和询问中是必不可少的。你还需要对集体中的个人和问题感兴趣。

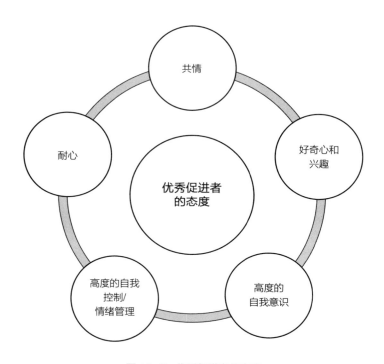

图 14-2　优秀促进者的态度

- **高度的自我意识**。很明显，如果你的自我意识很低，
  不知道团队成员对你的印象和看法，那么你就不会成
  为一个优秀的促进者。因此，寻求并接受反馈是很重
  要的。

- **高度的自我控制 / 情绪管理**。在团队讨论时，情绪的
  失控往往是一个突出的现象——尤其是在存在分歧的
  领域。团队成员可能会感到生气或恼怒并将其表达出
  来。然而作为促进者，你的工作是控制自己的情绪，

以便帮助他人平息这种情绪。

- **耐心。**老实说，促成一个团队并不容易，有时你需要有约伯的耐心才能做好这件事⊖。如果你天生不是一个有耐心的人，那么这种能力就是你需要努力培养的，因为这能解决由脾气急躁的团队成员引起的许多问题。

最后，你会发现一些团队成员可以学会许多技能，他们应该被给予练习这些技能并获得反馈的机会，以使他们能够不断进步。

---

⊖　这里指《圣经》中的约伯，他以能够忍受考验和磨难而闻名。——译者注

# 第十五章
# 关于未来团队
# 的思考

15

"公司逐渐认识到将团结、包容和协作的员工队伍转变为团队结构的好处,这种结构能够提高队伍的灵活性,将人才凝聚在一起,使之在不断发展的市场中获得竞争优势。"

——摘自市场调查《为了成功直面发展合作型团队的挑战:哈佛商业分析服务》

( *Meeting the Challenges of Developing Collaborative Teams for Future Success*: *Harvard Business Review Analytic Services* )

团队协作已经在许多组织的成功中发挥了关键作用，在未来这一点只会变得更加重要。全球疫情的发生推动团队变得更加具有适应性、协作性和敏捷性，成功确保了许多国家级组织及全球性组织的业务连续性。我们相信，在未来，我们有可能拥有一个全球团队网络，团队将更频繁、更迅速地被组建和解散，团队成员和团队领导者将不得不发展和调整他们的适应能力，以应对所有变化。

　　在过去的 18 个月里，我们从我们培训、采访和教练过的人那里听到了许多关于团队如何面对新挑战、解决问题和不断创新的故事。其中许多故事是由医疗保健部门的工作人员告诉我们的：因为疫情，医疗保健部门不得不在危机环境中运作，他们的工作方式也发生了重大变化。在之前通常所采用的分级制工作方法中，不同的团队会就同一工作忙好几个月，直到等来某个重要决策，在实施决策之前他们会再忙好几个月。而他们现在经历的是，要快速组建起跨职能团队，以应对他们每天面临的新挑战，确定计划的制定和实施速度，思考他们必须有多少创造力和创新精神才能应对他们遇到的棘手问题。

我们相信，必须得抓住近年来世界性危机带给我们的机会并据此采取行动，以有效利用其中正面和积极的变化，朝着更好的团队建设流程改进，建立更公平、更高效、更具协作性和敏捷性的团队。

我们认为以下的六个主题是和未来团队的工作方式最相关的：

（1）**领导风格和方法**。世界正在迅速变化，重视团队的集体智慧对我们来说太重要了。这意味着团队合作的方式和领导方式将在未来发生根本性变化。每个团队成员都必须培养"领导"和"跟随"的能力，而不是由某一个固定的领导来领导团队。团队领导者和团队成员必须学习关于促进、反馈、影响、激励和管理变革等方面的技能。此外，团队独立学习和适应的能力至关重要。环境在变化，团队学习新技能和灵活应变的能力需要跟上时代的发展。

（2）**团队网络**。在未来，每个人都可能拥有自己所属的团队网络。研究表明，目前只有38%的公司是按职能组织的，在未来我们将看到越来越多的跨职能的、多元文化的和虚拟的团队。随着业务需求的变化，团队将以更快的速度被组建和解散。团队领导者必须培养快速创建团队、高效完成任务、以轻松的方式解散团队的能力。他们还必须具备真诚合作、与各种各样的人建立联系的熟练技能，并让团队成员也能做到这一点。基于团队而非个人的奖励也越来越普遍。这是一个会带来高度情绪化反应的领域，需要领导者在态度和方法以及真正的技能方面做出大幅度的改变。

（3）**新的工作方式**。在新冠疫情期间，我们中的许多人已经习惯了新的工作方式，特别是对视频技术的使用，通常是微软 App 或 Zoom 平台。这些技术早在疫情之前就已经存在，但疫情的发生让我们开始熟悉和频繁使用视频会议，不仅是为了工作，也是为了与家人和朋友保持联系。这导致许多人现在将"混合工作"作为一种发展道路。混合工作意味着我们将有更多的工作选择，无论是在家还是在办公室。我们从客户那里听到了很多关于他们被给予工作选择权的故事，其中的选项包括：100% 在家或办公室工作，50% 在家、50% 在办公室的平衡工作方式或其他比例的混合工作模式。可以肯定的是，大多数人将得到更多的工作方式的选择权。确保混合工作方式成功的关键是为所有相关人员制定适合他们的工作模式、最大限度地利用技术、确保领导者及其团队拥有良好合作的技能和能力，并且团队的愿景、目的、价值观和目标得到了有效沟通和充分理解。

（4）**需要更多的多样性和包容性。**"Z 世代"和"千禧一代"员工现在在团队中扮演着重要角色，在未来更会如此，因此团队领导者了解如何让他们发挥出最大的作用很重要。我们的研究表明，"千禧一代"想要的是富有挑战性和趣味性的工作、灵活的工作模式以及经常性的表扬；他们希望与他们的领导者建立非正式的、友好的关系，并希望老板与他们分享知识和经验；作为与数字技术一起成长的数字原住民，他们希望能够在工作场所充分利用数字技术。这些要求对于很多团队领导者来说像是天方夜谭，因为他们自身是在等级森严、升职缓慢的背景下长大的。试图迫使"千禧一代"进入某种正在迅速过时的模式是徒劳的。如果领导者想让"Z 世代"和"千禧一代"发挥最大的作用，就需要挖掘出能激励他们努力的动力是什么。

此外，未来的团队成员不仅来自于不同的文化背景，还将来自于不同的时代。人口结构的变化，加上养老金的变化，意味着"婴儿潮一代"员工的退休年龄将远远超过传统的退休年龄。团队领导者面临的挑战将是如何让几代人和谐地合作。50 岁以上的人需要适应新的工作方式、接受新技术，并接受他们可能要向经验不足的年轻人汇报工作的事实。

"千禧一代"需要专注于发展人际交往技能，这样他们才能有效地与年长的同事合作并从后者的知识和经验中学习。

跨职能团队和全球化团队在未来的团队中将越来越突出。跨职能团队意味着来自不同职能专业的人员将共同工作；而其中许多人工作的地点可能在世界各地，因此这些团队不仅是跨职能的，而且是全球性的。这意味着团队成员和领导者需要具有更出色的沟通技巧、更灵活的行动力、更优秀的团队协作能力和有条不紊的组织力，以及积极接受不同元素、愿意为之付出时间和努力的包容力。

（5）**投入度、社会联系和共同目标**。投入度高的团队能够更有效地开展工作。盖洛普的研究表明，投入度高的员工生产力提高了 **22%**，离职率降低了 **65%**，产品率缺陷减少了 **41%**。拥有战略愿景并能够将其转化为明确的目标是成功的关键。人们需要理解为什么他们所做的事情很重要，以及他们的工作是如何融入大局的。领导者还需要确保对团队成员的努力给予重视和赞赏，并对团队成员个人的目标愿望和内驱力表现出积极的兴趣。具有社会联系和共同目标的团队往往是最成功的；在未来，这一点对组织和个人层面的成功都变得更加重要。

玛吉·阿方斯很好地解释了这一点，她告诉我

们，她服务过的最好的球队不是英格兰球队，而是
她的俱乐部球队——撒拉逊队。

我之所以觉得这是最好的球队，是因为我们有
很多时间在一起，我们建立了情感纽带。我们没有
为了报酬而在一起，我们待在球队是因为我们想要
和我们的朋友在一起。这些队友对我来说几乎就是
我的家人。对赢得了英超冠军的撒拉逊队来说，并
不是对成就和荣誉的向往让它取得了成功。我相信
这是因为我们有着亲密的家庭纽带关系，因为我们
花了很多时间在一起。我们没有设立什么议程，没
有为了报酬去球队，作为业余女子橄榄球也没有合
同。你可以随时加入俱乐部，如果你不喜欢就可以
离开。所以这可能是我加入过的最好的球队。

（6）**健康和幸福**。每一位员工的健康和幸福都有助于提
升团队的整体表现，这点正在变得愈发明显，尤其
是当工作内容越来越涉及高认知能力和创造力时。
体育团队多年前就认识到了这一点。奈杰尔说，在
典型的橄榄球比赛中，饮食、营养、睡眠、心理健
康、饮水和锻炼都是成功的关键因素。在体育领域，
团队聘请营养师、物理治疗师和心理学家来监督这
一领域，以提供专业的支持和指导。在这一点上，
商业组织可以从体育团队中学到很多东西，尤其是
在正确饮水、调节压力、矫正姿势和营养供给方面。

例如，我们知道一些组织在其员工餐厅为员工们提供身姿评估、理疗、咨询和优质的免费新鲜食品。组织意识到，只有当人们得到了用心的支持和照顾，他们在工作上才可能有高水平的表现。布里斯托尔橄榄球俱乐部（Bristol Rugby Club）是深入考虑员工健康和福祉的优秀代表。该俱乐部专门创建了一个赛前准备中心，以满足球员所有的赛前需求。这也向球员们发出了一个重要的信息，即俱乐部重视赛前的准备工作，并愿意对球员的准备工作进行投资。他们的橄榄球总监帕特·拉米（Pat Lam）说，他们希望建立一种更具包容性的文化。例如，球员们可以与文职人员和教练组一起吃饭，这样大家都能更容易地建立联系。重点是，橄榄球运动员协会也派代表参加了该中心，他们不仅为受伤球员提供支持，而且还为来自学校的球员和那些为退役做准备的球员提供教育计划。

拉米认为，俱乐部文化是建立在爱和奉献的基础上的。他曾经说过："当人们感到被重视、被欣赏和被尊重时，他们就会热爱自己的工作。"也许团队和组织需要更深入地反思他们如何建立联系，如何相互关心，如何为他们的文化带来更多的爱。安永关于商业共情力的调查告诉我们，90%的美国员工认为，可以高度共情的领导会带来更高的工作满意度，

79% 的人认为这会降低员工流失率。

在 2022 年作者们对玛吉·阿方斯进行的一次私人采访中，她向我们解释说，在她看来，一个好的教练是一个不专注于自我，而专注于发展个人和团队的人。当我们问她在寻找领导者时注重什么的时候，她回答说：

可以共情的领导者。我的意思是，我希望他们了解我，了解我所经历的一切，以及我所面临的挑战，并对此感同身受。我认为这非常重要。

正如上面的例子向我们表明的一样，最终是对人的投资、对团队成员的关心，推动了高绩效团队的形成和团队的成功。借用伟大的德国哲学家伊曼努尔·康德的话来说就是："不要把人当作达到目的的手段，而是要把他们当作目的本身！"

# 致 谢

我们要感谢我们在研究过程中交谈过的数百名团队成员以及团队领导的帮助；我们要感谢给予我们帮助和支持的霍特国际商学院的同事，尤其是研究团队的同事和 Sharon West；我们也非常感谢培生出版集团的编辑 Eloise Cook，感谢她的耐心、支持和建议。

除了书中提到的名字，我们也感谢以下阅读并评判内容的朋友，以及那些与我们分享人生故事的人，这些人是：Doris Sew Hoy、Will Shorten、Hans Fribergh、William Braddick、Philip Sadler、Mark Mason 教授、Toufik Ftaita 博士、Guy Lubitsch、Rory Hendrikz、Stewart Desson 和 Lumina 团队、Nicolas Worms、Guy Mansfield、Regan Gallo、Mark McCergow 博士、Lvyi Sheng、Stevie Fine、Katie Stanley、Liao Jingmei、Koffi Segniagbeto、Michael Chaskalson、Naomi Brown、Jennifer Morris、Philip Last、Pedro Gonzalez、Sylvie Pedar Picard、Drusilla Copeland、Chris Stringer Agnieszka Kolkzarek 和 Nelisha Wickremansinghe 博士。

迈克特别要感谢 Muyiwa Ojo Aromokudu 博士让他保持健康，感谢 Alex Minors 和他的团队让他保持活力，感谢 Ender 及 Epicure 咖啡店的团队，以及伯克姆斯特德的 Fred & Ginger 咖啡店让他保持清醒，感谢他的搭档 Francoise 给予他支持与包容。奈杰尔要感谢迈克和菲奥娜的耐心指导，以及来自他的"特殊"团队的爱和支持——他的特殊团队成员有 Sue、Helen、James、Tom、Joe 和 Geordie。

菲奥娜要感谢这些年与她合作过的所有团队，团队中的许多人都为本书的完成贡献了想法和灵感。这其中最重要的是 Dent 团队和 Davies 团队，其工作方式不断激励着她，让她洞察到什么才是真正的团队工作。